Marc Bischoff & Henning Teschner

Schritt für Schritt: Ankommen in der Schule

Praxisbuch für Studium, Referendariat und Berufseinstieg

Klett | Kallmeyer

Bibliografische Information der Deutschen Nationalbibliothek
Die Deutsche Nationalbibliothek verzeichnet diese Publikation in der Deutschen Nationalbibliografie; detaillierte bibliografische Daten sind im Internet über http://dnb.d-nb.de abrufbar.

Impressum

Marc Bischoff & Henning Teschner
Schritt für Schritt: Ankommen in der Schule
Praxisbuch für Studium, Referendariat und Berufseinstieg

1. Auflage 2019

www.friedrich-verlag.de

Redaktion: Dirk Haupt, Leipzig
Realisation: Stefan Zielasko
Druck: MedienhausPlump
Printed in Germany

ISBN: 978-3-7727-1340-8

Marc Bischoff & Henning Teschner

Schritt für Schritt: Ankommen in der Schule

Praxisbuch für Studium, Referendariat und Berufseinstieg

Klett | Kallmeyer

Inhalt

Vorwort

Aus der alltäglichen Praxis des Schulalltags wissen wir, Henning Teschner, Fachseminarleiter für das Fach Deutsch, sowie Marc Bischoff, Schulleiter, dass sich vor allem bei angehenden Lehrerinnen und Lehrern[1], die gerade die ersten Tage, Wochen und Monate in der Schule arbeiten, oft ein Gefühl der Überforderung einstellt. Sie brauchen viele praktische Informationen, die Sie in ihrer bisherigen Ausbildung nicht bekommen haben. Das sind vor allem organisatorische Tipps für die tägliche Arbeit, aber auch strategische Überlegungen im Umgang mit Kollegen, Schülern und Eltern. Dazu gehören unter anderem professionelle Verhaltensmaßnahmen und ungeschriebene Regeln, die jede Lehrperson kennen sollte. Manchmal ist es auch hilfreich, wenn Berufseinsteiger wissen, von wem sie in der Schule die benötigten Hilfen und Informationen bekommen.

Der Gedanke, der diesem Buch zugrunde liegt, ist eine bessere Orientierung bei vielen praktischen und organisatorischen Fragen des Berufsalltags von Lehrkräften. Diese werden in komprimierter Form angeboten, damit Ihnen gerade zu Beginn der Lehrerlaufbahn die Freude an der Arbeit erhalten bleibt. So können Sie „Fehler" im Alltag vermeiden und sich intensiver auf den Unterricht konzentrieren. Es gibt so viele Aufgaben neben dem eigentlichen „Kerngeschäft", dem Unterricht, die Lehrer zu bewältigen haben, dass das Unterrichten häufig zweitrangig behandelt wird. Lehrpersonen, die ihre Arbeit gut organisieren, können ihren Fokus auf das Wesentliche in der Schule lenken: den Unterricht. Diese Erkenntnis gewinnt für uns mit dem steigenden Anspruch an den Lehrerberuf, auch bedingt durch gesellschaftliche Entwicklungen wie zum Beispiel Migration und Inklusion, immer mehr an Bedeutung.

Um Sie bei der täglichen Arbeit in der Schule zu entlasten, stellen wir Ihnen verschiedene Materialien in Form von Checklisten und Musterbriefen zur Verfügung (s. Hinweise zum Downloadmaterial S. 120). Des Weiteren geben wir Ihnen praktische Ratschläge für den Umgang mit Kollegen, Eltern und Schülern.

1 Um den Lesefluss zu erleichtern und keineswegs in diskriminierender Absicht sprechen wir im Folgenden von Schülern, Lehrern, Kollegen oder Schulleitern. Eingeschlossen sind damit immer auch die weiblichen und diversen Mitglieder einer Schulgemeinschaft.

Die Motivation, dieses Buch zu schreiben, entstand aus der Idee, einen Leitfaden für angehende sowie bereits erfahrene Lehrpersonen zu entwickeln, der sich an der Praxis des Schulalltags orientiert. Es geht dabei vor allem um die direkte Umsetzbarkeit der Tipps. Gleichwohl gibt es aber auch einige theoretische Überlegungen, die wir zu Beginn des jeweiligen Kapitels zur Diskussion stellen, weil sie zum besseren Verständnis der folgenden Praxistipps beitragen sollen.

Viele Überlegungen aus dem Inhalt des Buches beruhen auf eigenen Erfahrungen. Es soll ein Buch mit Unterhaltungswert aus der Praxis für die Praxis sein. Durch die Einbindung verschiedener Erfahrungsberichte, die auf Erlebnissen in der Schule basieren, die Marc Bischoff aufgrund seiner langjährigen Tätigkeit als Rektor gesammelt hat, soll der Text anschaulicher werden.

Wir wünschen Ihnen bei der Lektüre einen Gewinn für Ihre Arbeit in der Schule und viel Spaß!

Marc Bischoff & Henning Teschner, Lohne im Juni 2019

1 Lehrer sein

Lehrer zu sein, bedeutet für Berufseinsteiger zunächst, eine neue Rolle anzunehmen und diese auch überzeugend darzustellen. Dazu ist es wichtig, sich diesen Vorgang bewusst zu machen und die neue Rolle so zu füllen, dass sie dem Profil eines Lehrers entspricht und gleichzeitig authentisch ist. Das gilt vor allem für Referendare. Aber auch in allen anderen Stadien des Lehrerseins lohnt es sich, einige Gedanken darauf zu verwenden, was das eigentlich bedeutet. Natürlich haben Sie dazu schon während der Praktika im Studium und im Referendariat Gelegenheit bekommen, aber jetzt sind Sie examinierter Lehrer, das heißt, Sie handeln eigenverantwortlich. Es gibt keine Ausbilder mehr, die Ihnen sagen, was richtig oder falsch ist. Also ist Ihre Fähigkeit zur Selbstreflexion gefragt. Betrachten Sie sich kritisch und beginnen Sie mit einem Blick in den Spiegel, bevor Sie sich auf den Weg zur ihrer neuen Wirkungsstätte Schule machen.

Machen Sie sich Ihre Aufgabe bewusst. Sie unterrichten Kinder und Jugendliche, die Ihnen anvertraut wurden. Deren Eltern geben Ihnen einen Vertrauensvorschuss in dem Glauben, dass ihre Zöglinge bei Ihnen gut aufgehoben sind. Sie haben eine Vorbildfunktion für zahlreiche Schüler, die sich an Ihnen orientieren. Tragen Sie dem durch ein angemessenes Erscheinungsbild Rechnung. Anzug und Krawatte sind wahrscheinlich etwas übertrieben. Sie sind Lehrer und nicht Bundespräsident. Lassen Sie alles weg, was der übertriebenen Selbstdarstellung dient.

ERFAHRUNGSBERICHT VON MARC BISCHOFF

BEWERBUNGSVERFAHREN

Ich habe während meiner Tätigkeit als Schulleiter mal eine Bewerbung auf den Tisch bekommen, die eher außergewöhlich war. Der Lehramtsaspirant trug einen Bart, der so lang war, dass sein Ende auf dem Foto nicht mehr erfasst war. In diesen Bart waren allerlei bunte Perlen geflochten. Das Haupthaar war zu einem Dutt gebunden. Dazu hatte sich der junge Mann, einen großen Ring durch die Nase gezogen.

Die Bewerbung landete bei mir ungelesen auf dem dritten Stapel mit den Bewerbern, die auf gar keinen Fall zu einem Vorstellungsgespräch eingeladen werden. Für mich war diese Entscheidung selbstverständlich.

Als ich den Kollegen von dem Fall erzählte, gab es durchaus unterschiedliche Reaktionen darauf.

Es gab Kollegen, die der Meinung waren, man müsse auch diesem Bewerber eine Chance geben. Sie argumentierten, dass es in der Schule keine Kleiderordnung gäbe und dass auch dieser Bewerber trotz seines bunten, auffälligen Äußeren ein guter Lehrer sein könne. Außerdem sei es eine Frage der Toleranz und des Andersseins. Diese Argumentation lässt außer Acht, dass der junge Mann einen Beruf ausüben möchte, in dem er einen Bildungs- und Erziehungsauftrag hat. Gleichzeitig hat er seine Vorbildfunktion wahrzunehmen, sowohl in seinem Handeln als auch durch sein Äußeres. Es geht nicht nur um Wissensvermittlung, sondern auch um Wertevermittlung. Wenn man zum Beispiel zur Pünktlichkeit erziehen will, muss man selber pünktlich sein. Ein Lehrer mit einer sehr auffälligen Erscheinung inszeniert seine eigene Show und muss sich fragen lassen, ob dafür die Schule die richtige Bühne ist. Solche Selbstdarstellung ist in den sozialen Medien besser aufgehoben.
Die Frage, die man sich stellen sollte, lautet: Werden die Eltern ihre Kinder gern in die Obhut dieses Lehrers geben? In der Schule geht es vornehmlich um die Bildung und Erziehung von Kindern und Jugendlichen. Die Erfahrung zeigt, dass diese simple Erkenntnis häufig vergessen wird.

1.1 Die ersten Tage in der Schule

Am ersten Tag in der Schule müssen Sie jede Menge neue Eindrücke verarbeiten, Informationen aufnehmen und sich bei verschiedenen wichtigen Mitarbeitern vorstellen.

Kaufen Sie sich am besten noch vor Ihrem Dienstantritt einen Lehrerplaner und machen Sie sich Notizen. Normalerweise haben diese Lehrerplaner immer genügend Platz für eigene Notizen. Notieren Sie sich im Vorfeld bereits Fragen, die Sie am ersten Tag unbedingt beantwortet haben möchten. Halten Sie die Antworten im Planer fest.

TIPP
Bereiten Sie vor Ihrem Dienstantritt Fragen vor, die Sie in den ersten Tagen an der Schule beantwortet haben möchten.

Wenn der erste Schultag für Sie beginnt, sind Sie in der Regel schon mit einem Stundenplan und einem Schlüssel für die Schule, ggf. die Sporthalle und die Klassenschränke, ausgestattet. In den meisten Fällen stellt Ihnen der Schulleiter oder die Schulleiterin den Hausmeister und die Sekretärin vor. Vom Hausmeister bekommen Sie alle Schlüssel, die Sie brauchen.

Die Bedeutung dieser Personen wird häufig unterschätzt. Nehmen Sie sich ein bisschen Zeit und sprechen Sie mit diesen Menschen. Es lohnt sich immer. Die Sekretärin, die häufig auch als die „Seele" der Schule bezeichnet wird, kennt sich normalerweise bestens mit den organisatorischen Abläufen der Schule aus und verfügt über wichtiges Hintergrundwissen hinsichtlich bestimmter Schüler oder auch des Personals in der Schule. Erkundigen Sie sich bei ihr, wo Sie Klassenlisten bekommen, Anträge auf Sonderurlaub, Anträge auf Genehmigung von Klassenarbeiten, die unter die 30%-Klausel fallen, Anträge für Klassen- und Tagesfahrten finden. Wenn Sie nicht genau wissen, wie diese ausgefüllt werden, hilft Ihnen bestimmt auch die Sekretärin. Manchmal hat sie ein ausgefülltes Exemplar von einem Kollegen parat, das Sie als Muster nehmen können. Reisekostenanträge zum Beispiel sind für den Berufseinsteiger schon eine Herausforderung. Sie benötigen dafür unter anderem Ihre Personalnummer, welche Sie in der obersten Zeile Ihrer Gehaltsabrechnung finden. Aber das brauchen Sie jetzt noch nicht. Für den ersten Tag reicht es, einen guten Eindruck zu hinterlassen.

Was muss ich beachten, wenn ich außerhalb der Unterrichtszeiten in der Schule arbeiten möchte?

Beim Hausmeister ist es wichtig, sich über das Schließsystem der Schule zu erkundigen. Gibt es eine Alarmanlage? Wann wird sie scharf geschaltet? Wie wird diese ausgeschaltet? Können Sie außerhalb der regulären Öffnungszeiten in die Schule gehen, um zum Beispiel etwas zu kopieren oder einfach in Ruhe zu arbeiten? Die wichtigste Frage ist die nach der Erreichbarkeit. Am besten ist es, wenn Ihnen der Hausmeister seine Handynummer gibt. Oft haben Hausmeister ein Diensthandy, auf dem sie natürlich am einfachsten zu erreichen sind. Sie wären nicht der Erste, der versehentlich den Alarm auslöst, weil Sie einen Stapel Klassenarbeiten aus der Schule holen wollten, den Sie unbedingt am Wochenende noch korrigieren mussten. Sie glauben, dass Sie der letzte Mensch im Gebäude sind, schließen die Alarmanlage scharf und gehen, übersehen aber, dass sich im Musikraum noch der örtliche Gesangsverein auf das Weihnachtssingen vorbereitet. Sobald dann der erste Sänger nach beendeter Chorprobe die Tür öffnet, um das Gebäude zu verlassen, wird ihm ein gehöriger Schrecken in die Glieder fahren. Wenn dann die Sirenen heulen, können Sie entweder abwarten, bis die Feuerwehr und die Polizei anrücken, oder Sie haben die Nummer des Hausmeisters, der die Alarmanlage ausschalten kann oder Ihnen zumindest sagt, wie das geht. Die Alarmanlage des Hauses gehört zu den kleinen Tücken des schulischen Lebens, die Sie teuer zu stehen kommen können.

Wenn die Feuerwehr ausrückt, wird diese Dienstleistung in der Regel dem Schulträger in Rechnung gestellt, der dann an Sie herantritt, um sich die Auslagen wiederzuholen. Marc Bischoff hat in seiner Funktion als Schulleiter solche Fälle nicht nur einmal erlebt und die Aufregung über die Rechnung ist meistens von erheblichem Ausmaß, weil es sich nicht selten um Beträge von mehreren hundert Euro handelt.

Übrigens empfehlen wir Ihnen dringend den Abschluss einer Berufshaftpflichtversicherung, in der die Versicherung des Schulschlüssels explizit vermerkt ist. So können Sie auch dann noch ruhig schlafen, wenn Sie Ihren Schulschlüssel mal verlegt haben. Das ist den meisten Kollegen schon unabhängig von Lebens- und Dienstjahren passiert und kann ein echtes Problem werden, wenn man nicht versichert ist. Fast alle Schulen sind heutzutage mit einem elektronischen Schließsystem in Verbindung mit einer Alarmanlage ausgestattet. Wenn ein Schlüssel weg ist, müssen die Schlösser ausgetauscht werden. Bei modernen Schließsystemen fallen je nach Schulgröße Beträge im fünfstelligen Bereich an. Es soll auch Fälle geben, bei denen so etwas unter den Teppich gekehrt wird und einfach ein neuer Schlüssel ausgegeben wird. Auch die Rechtslage bezüglich Ihres Arbeitgebers ist nicht ganz klar, denn er muss Sie eigentlich auch für solche Fälle versichern. Wenn aber der Fall eingetreten ist, dass Sie Ihren Schlüssel nicht mehr wiederfinden, dann möchten Sie bestimmt keinen Rechtsstreit mit der Landesschulbehörde führen.

Der Hausmeister kann Dinge, die viele Lehrer nicht können. Das macht ihn unentbehrlich. Er kann ihnen Stellwände für Ausstellungen organisieren oder für die Bestuhlung beim Elternabend in der Aula sorgen.

TIPP
Erkundigen Sie sich im Zweifel bei der Schulleitung, ob Sie den Hausmeister in solchen Fällen direkt ansprechen dürfen.

Wenn Sie einen guten Draht zum Hausmeister haben, geht das auch auf dem kleinen Dienstweg: „Hallo Günther, meine Strategen haben mal wieder Mist gebaut. Es ist etwas kaputt gegangen. Kannst du das für mich in Ordnung bringen?"

Wenn das nicht geht, müssen Sie den Weg über die Schulleitung nehmen und dann wird es umständlicher, als es sein muss.

Lassen Sie den Hausmeister über das Verhalten der Schüler fluchen und zeigen Sie Verständnis, denn er hat Recht. Wer einmal gesehen hat, was für Schäden in Schulen völlig überflüssigerweise angerichtet werden, weiß das. Die Toiletten sind häufig die beliebtesten Ziele für Zerstörung. Pflichten Sie ihm bei, so haben Sie auch bei dem nächsten Fall von Vandalismus oder anderen kleineren Schäden die Chance auf eine zeitnahe Reparatur, wenn auch meistens unter Flüchen.

Welche Mitarbeiter können im schulischen Alltag weiterhelfen?

Der Hausmeister sorgt dafür, dass das Gebäude – sozusagen der Torso der Schule – intakt bleibt. Und was ist eine Schule ohne ein schönes, intaktes Gebäude? Je nach Schulform und Schulgröße, gibt es noch Sozialpädagogen, Pädagogische Mitarbeiter oder Schulassistenten im Haus. Erkundigen Sie sich bei der Schulleitung nach ihnen und werden Sie bei diesen Mitarbeitern vorstellig. Sie sind ebenfalls sehr wichtig. Sozialpädagogen können zum Beispiel oft beim Umgang mit schwierigen Schülern behilflich sein. Pädagogische Mitarbeiter beaufsichtigen die Schüler in der Mensa oder geben Hausaufgabenhilfe.

Im Zuge der verstärkten Bemühungen um einen inklusiven Unterricht gibt es in vielen Schulen auch Sonderpädagogen. In den weiterführenden Schulen sind Sonderpädagogen oft nur selten anzutreffen. Die Anzahl ihrer Stunden in der Regelschule richtet sich nach der Anzahl der Schüler mit festgestelltem sonderpädagogischen Förderbedarf und nach dem Förderstatus des jeweiligen Schülers. Bei einem Schüler mit dem Förderschwerpunkt „geistige Entwicklung" wird zum Beispiel ein höherer sonderpädagogischer Unterstützungsbedarf zugrunde gelegt, als bei einem Schüler mit dem Förderschwerpunkt „emotional soziale Entwicklung". Ob eine Schule die in der Regel geringe Unterstützung, die ihr laut Schulgesetz zusteht, in Anspruch nehmen kann, richtet sich wiederum nach der Verfügbarkeit der Sonderpädagogen. Die Kollegen von der Förderschule sind also in den meisten weiterführenden Schulen nur punktuell anzutreffen.

In den Grundschulen ist das anders, denn dort gibt eine sonderpädagogische Grundversorgung von zwei Stunden täglich, sodass die Sonderpädagogen ihre komplette Stundenverpflichtung in der Grundschule verbringen.

Einige Sonderpädagogen können Ihnen bezüglich der „Statuskinder", also allen Schülern, die einen festgestellten sonderpädagogischen Förderbedarf haben und bei allen, die darauf noch überprüft werden sollen, viele Hilfestellungen geben. Eine ihrer Aufgaben besteht darin, beratend und unterstützend tätig zu sein. Sie können sehr wichtige Ansprechpartner sein, wenn es darum geht, schwachen oder auffälligen Schülern zu helfen und das hilft auch Ihnen. Bei Fragen bezüglich des Unterrichts, der Elternarbeit oder zur Erstellung von Zeugnissen für Schüler mit sonderpädagogischem Förderstatus können Ihnen die Förderschullehrer beratend zur Seite stehen. Der Schulassistent kann Klassenarbeiten kopieren oder je nach Aufgabenbeschreibung, die auch bei der Schulleitung zu erfragen ist, auch Versuchsaufbauten für den Physikunterricht etc. vorbereiten. Sie erfahren das am besten im persönlichen Gespräch. Es sind also ausnahmslos Menschen, die Sie bei Ihrer täglichen Arbeit unterstützen und Sie so entlasten. Nutzen Sie diese Ressourcen! Fragen Sie! Die Kollegen sind erfahrungsgemäß meistens sehr kooperativ.

INFO
Pädagogische Mitarbeiter gibt es in Niedersachsen nur in den Grundschulen. Sie werden beispielsweise im Vertretungsunterricht eingesetzt.

1.2 Die neuen Kollegen

TIPP
Jede Schule organisiert ihre Arbeit unterschiedlich. Manchmal gibt es zur Übersicht Organigramme. Erkundigen Sie sich danach.

Wenn Sie also das Gebäude erkundet haben und das nichtlehrende Personal in der Schule kennengelernt haben, wird es Zeit, sich den Kollegen zuzuwenden. Es ist normalerweise bei größeren Kollegien schwer bis unmöglich, sich alle Namen am ersten Tag zu merken. Also versuchen Sie es erst gar nicht. Die meisten Schulen haben im Eingangsbereich einen Schaukasten, in dem sich Fotos aller Kollegen mit den Namen befinden. Dort können Sie nachschauen. Wenn es so etwas nicht gibt, dann sind die Namen eventuell auf der Homepage hinterlegt. Das wird allerdings aus Gründen des Datenschutzes nur noch sehr selten gemacht.

Es ist üblich, dass der Schulleiter Sie dem Kollegium während einer großen Pause und bei der nächsten Gesamtkonferenz auch den Eltern- sowie Schülervertretern vorstellt. Unabhängig von der Vorgehensweise der Schulleitung sollten Sie sich bei den einzelnen Kollegen vorstellen. Bei dieser Gelegenheit können Sie die anderen Kollegen, die in Ihrer Jahrgangsstufe als Klassenlehrer tätig sind, kennenlernen und dabei herausfinden, ob es Jahrgangsteams gibt. Solche Jahrgangsteams halten gewöhnlich regelmäßige Treffen ab, bei denen Absprachen über Lerninhalte, Klassenarbeiten und Exkursionen getroffen werden. Nehmen Sie an den Treffen teil! Das entlastet Sie bei Ihrer Planung und Sie arbeiten parallel mit den Kollegen. Sie erfahren so ihre Namen, Funktionen oder auch, wo Sie sich hinsetzen können. Je nach Größe des Kollegiums können Sie sich nicht bei allen immer gleich am ersten Tag vorstellen. Es gibt Berufsschulen mit mehreren hundert Kollegen. Da kennen sich einige bis zum Ende ihrer Dienstzeit gar nicht. Grundsätzlich kann man aber festhalten: Je kleiner das Kollegium bzw. die Schule desto familiärer geht es zu. Das bedeutet natürlich auch, dass man in kleinen Kollegien wesentlich enger zusammenarbeitet als einem manchmal lieb ist. In ganz kleinen Grundschulen kennt dann nicht nur jeder jeden beim Namen, sondern weiß auch, wann die Kollegen Geburtstag haben und wo sie wohnen.

Erkundigen Sie sich nach einem freien Sitzplatz im Lehrerzimmer. Das ist sehr wichtig. Auch wenn immer wieder beteuert wird, dass es keine Stammplätze gibt, glauben Sie uns, es gibt sie! Das ist ungeschriebenes Gesetz. Da können Sie sich sicher sein. Machen Sie, vielleicht auch unbeabsichtigt, jemandem seinen Platz streitig, kann das schnell zu Spannungen führen und das möchten Sie beim Start in die neue Schule vermeiden. Sie erkennen übrigens auch ohne danach zu fragen schnell an all den Büchern, Arbeitsblättern usw., wo jemand sitzt. Je nach Menge und Beschaffenheit der Utensilien, lassen sich vielleicht schon gewisse Rückschlüsse auf die Arbeitsweise einiger Kollegen ziehen. Bei einigen finden sich auch nur Nahrungsmittel. „Nervennahrung" heißt das im Lehrerjargon. Beim Essen im Lehrerzimmer gilt übrigens das Prinzip „Nehmen und Geben". Nur die Plätze, auf deren Tischen nichts liegt, könnten noch zur Verfügung stehen.

EIN KLEINER TIPP FÜR DIE ERSTEN TAGE IM KOLLEGIUM

Vergessen Sie auf keinen Fall die Organisation des Küchendienstes zu erfragen und in welchem Umfang Sie sich zu beteiligen haben. Es sind die vermeintlichen Kleinigkeiten, die Sie in einem positiven Licht erscheinen lassen. Es ist auch ratsam, sich eine eigene Tasse oder einen eigenen Pott mitzubringen. Nicht immer dürfen alle Pötte von allen benutzt werden. Außerdem müssen Sie wissen, an wen und in welcher Höhe Sie Ihren Obolus für die Kaffeekasse zu entrichten haben, falls Sie Kaffee trinken sollten. Normalerweise wird jemand, der das Geld einsammelt, auf Sie zukommen. Meistens gibt es Listen, in die Sie sich eintragen müssen.

Wichtige Dinge, die es in den ersten Tagen in der Schule zu beachten gilt	Erledigt
Beim Hausmeister vorstellen.	
Schulschlüssel durch den Hausmeister aushändigen lassen, gegebenenfalls auch Sporthallenschlüssel.	
Über das Schließsystem in der Schule informieren. Wann sind die Öffnungszeiten? Wann wird die Alarmanlage scharfgeschaltet?	
Handynummer des Hausmeisters erfragen.	
Bei der Sekretärin vorstellen.	
Gibt es Sozialpädagogen? Gibt es Sonderpädagogen? Bei den Kollegen vorstellen.	
Wie und wann darf der Kopierer benutzt werden? Darf unbegrenzt kopiert werden?	
Gibt es Lehrerarbeitsplätze?	
Berufshaftpflichtversicherung inklusive Versicherung für den Schulschlüssel abschließen.	

Kaffeekasse, Freud- und Leid-Kasse! Wie viel muss ich an wen bezahlen?	
Gibt es einen Plan für den Küchendienst?	
Welchen Sitzplatz im Lehrerzimmer darf ich nehmen? Wo ist mein Postfach?	
Eigenes Geschirr mitbringen.	
Schulordnung besorgen.	
Wo sind die Pläne für die Pausenaufsicht? Wo ist der Vertretungsplan?	
Wo werden die Klassenbücher abgelegt?	
Wo sind meine Fachräume? Wo ist die Sporthalle?	

Abb. 1: Checkliste für die ersten Tage in der Schule

1.3 Schulordnung, Aufsichtsplan, Kopierer, PC-Raum

Schulordnung

Jede Schule hat eine Schulordnung, in der die elementaren Regeln des schulischen Miteinanders festgehalten werden. Da diese Regeln auch die Eltern betreffen, werden beispielsweise in Niedersachsen Änderungen und Ergänzungen zunächst in der Gesamtkonferenz besprochen. Das ist eine wichtige Information für Schüler und Eltern, weil sie hier die Chance auf Mitwirkung und Mitgestaltung in der Schule haben.

TIPP
Lassen Sie sich eine Schulordnung geben.

Im Schulvorstand, einer schulischen Institution in Niedersachsen, werden Anträge zur Schulordnung abgestimmt. Dort haben Schüler und Eltern 50 Prozent der Stimmanteile gegenüber der Lehrerschaft. Sollte es gleich viele Stimmen für einen Antrag wie dagegen geben, ist der Schulleiter mit seiner Stimme das berühmte „Zünglein an der Waage". Seine Stimme gibt dann den Ausschlag. Der Schulvorstand ist das höchste Gremium der Schule. Hier werden nicht nur Beschlüsse zur Schulordnung gefasst, sondern unter anderem auch zu Änderungen in der Stundentafel und zur Verwendung des Schulbudgets. Das ist wichtig zu wissen, denn auch Lehrer können hier entscheidenden Einfluss auf wichtige Entscheidungen nehmen. Es kann sich lohnen, darüber einen Moment nachzudenken.

Bezogen auf die Schulordnung heißt das, dass die Schüler und Lehrer gut über den Inhalt der Schulordnung informiert sein sollten. Oft wird die Schulordnung nur als Erziehungsmittel eingesetzt, indem sie von Schülern, die gegen sie verstoßen haben, abgeschrieben werden muss. Das ist aber gemessen an ihrer Bedeutung zu wenig. Nutzen Sie, wenn Sie selber eine Klassenführung haben, die ersten Tage des Schuljahres, um sich gemeinsam mit Ihren Schülern über den Inhalt zu informieren. Wenn Sie keine eigene Klasse haben, setzen Sie sich selber damit auseinander. In vielen Schulen sind die Schüler verpflichtet, einen Schulplaner zu führen. Das ist ein guter Platz für die Schulordnung. Sie ist bestenfalls jederzeit jedem zugänglich. Lassen Sie sich auch von den Eltern im Schulplaner unterschreiben, dass sie die Schulordnung zur Kenntnis genommen haben. Das spart überflüssige Diskussionen, weil der Inhalt der Schulordnung nicht feststeht. Denken Sie an Ihre Entlastung. Ein Klassiker ist das unerlaubte Verlassen des Schulgeländes. Immer wieder gibt es Diskussionen mit Eltern, weil ein Schüler nur kurz sein Sportzeug holen wollte und gleich um die Ecke wohnt. Dummerweise wurde er aber erwischt. Jetzt drohen natürlich Konsequenzen. Verweisen Sie bei Regelverstößen auf die Schulordnung und ziehen Sie Konsequenzen. Wenn es Dinge gibt, die eindeutig verbindlich schriftlich festgehalten sind, sollten Sie sich darauf beziehen, wann immer es Diskussionsbedarf zu Regelverstößen gibt. Deswegen ist es auch wichtig, dass die Schulordnung so eingängig formuliert ist, dass sie jeder verstehen kann: Eltern, Schüler und Lehrer.

TIPP
Nehmen Sie die Pausenaufsichten wahr. Lassen Sie sich vor Ihrer ersten Aufsicht Ihren Aufsichtsbereich von einer ortskundigen Person zeigen, damit Sie zur Aufsicht am richtigen Ort sind.

Aufsicht

Die Pausenaufsicht ist ebenfalls ein heikles Thema in fast jedem Kollegium, weil sie nicht von allen gleichermaßen ernst genommen wird. Sie sollten dazu wissen, dass die Schulleitung Sie je nach Stundendeputat für unterschiedlich viele Pausenaufsichten beauftragt hat. Es gibt eine Dienstanweisung in Form eines Aufsichtsplanes, der ausgehängt wird. Manchmal kann man sich auch selber in so einen Plan eintragen. Die Schulleitung ist mit der Erstellung des Aufsichtsplanes ihrer Pflicht nachgekommen.

2 Organisation des Alltags

2.1 Unterricht planen

Planen Sie Ihren Unterricht. Auch wenn es banal klingt, weisen wir darauf hin, weil der Unterricht manchmal vor lauter Dokumentationen, Schulalltagsproblemen, Schulentwicklung, Inklusion usw. zu kurz kommt. Trotzdem bleibt der Unterricht die Basis dessen, was Lehrer tun. Natürlich wird der Unterricht im vorgegebenen Umfang erteilt. Die Frage, die sich stellt, ist, ob ihm die angemessene Sorgfalt bei der Vor- und Nachbereitung zukommt. Er sollte seinem Stellenwert entsprechend bei der Planung aller Aufgaben berücksichtigt werden. Priorisieren Sie! Machen Sie sich eine Liste, schreiben Sie auf, wann und wo Sie welche Arbeiten erledigen. Vor allem die Planung und die Vorbereitung des Unterrichts sollten nicht zu kurz kommen. Damit Sie Ihren Unterricht inhaltlich richtig planen können, brauchen Sie die schuleigenen Arbeitspläne. Diese müssen in jeder Schule für alle Kollegen zugänglich sein. Sie werden auf der Grundlage der Kerncurricula von den einzelnen Fach- oder Fachbereichskonferenzen erstellt bzw. aktualisiert. Erfragen Sie bei Ihren Kollegen, wer die Fachkonferenzleiter für Ihre Fächer sind. In der Regel gibt es auch Listen, auf denen diese zu finden sind. Die Sekretärin weiß, wo diese Listen aufgehängt sind. Manchmal befinden sich diese auch am Schwarzen Brett. Die Fach- oder Fachbereichskonferenzleiter können Ihnen Auskunft geben, wo die schuleigenen Arbeitspläne sind und Ihnen gegebenenfalls nähere Erläuterungen dazu geben. Auf der Grundlage der schuleigenen Arbeitspläne können Sie den Inhalt und die Länge der Unterrichtseinheiten planen. Besorgen Sie sich Kopien oder je nach Stand der Technik die für Sie relevanten Arbeitspläne als Dateien.

TIPP
Langfristige Planung erleichtert die Arbeit.

Eine professionelle, mittel- bis langfristige Planung ist effizienter als eine Planung von Tag zu Tag und entlastet Sie bei Ihrem Kerngeschäft: dem Unterricht. Die Energie, die Sie für die Unterrichtsvorbereitung verwenden, ist gut investiert. Schüler quittieren unvorbereiteten Unterricht häufig mit Unruhe oder Desinteresse. Es entstehen Längen, weil der rote Faden fehlt. Das führt zu unnötigen Belastungen! Unser Ziel ist Ihre Entlastung.

TIPP
Schaffen Sie sich einen Lehrerplaner an. Sie sollten sich schon bei der Planung der Einheit Gedanken über eine mögliche Klassenarbeit machen. So wissen Sie, welches „Ziel" Sie mit Ihren Schülern ansteuern.

Wenn Sie die Materialien und die grobe Planung für eine Unterrichtseinheit schriftlich für sich grob fixiert haben, können Sie gelassener in den Unterricht gehen, weil Sie nicht improvisieren müssen. Diese schriftliche Vorbereitung passt locker in die gängigen Lehrerplaner, von denen Sie selber natürlich ein Exemplar bei sich haben. Sie haben einen Plan, der einen roten Faden hat, und in den Sie zur eigenen Orientierung über den Verlauf einer Unterrichtseinheit immer wieder schauen können. Planen Sie mindestens in Unterrichtseinheiten von drei bis vier Wochen. Suchen Sie die Materialien zu Beginn zusammen und erstellen Sie die notwendigen Kopien oder beauftragen sie den Schulassistenten damit, sofern es einen gibt.

Es gibt verschiedene Lehrertypen, was den Start in den Schultag angeht.

Lehrertyp A

Welche Lehrertypen gibt es?

Er steht fünf Minuten vor Unterrichtsbeginn noch in der Schlange vor dem Kopierer. Das bedeutet Stress! Manchmal haben Kopierer auch kleinere oder größere Defekte. Sollte dies fünf Minuten vor Unterrichtsbeginn der Fall sein und das ist es fast regelmäßig, wird es gar nichts mehr mit den Kopien. Dann muss improvisiert werden, was auch nicht gerade professionell wirkt. Je nach Talent für Improvisation wird die Stunde wahrscheinlich anstrengend. Die Schüler merken das.

Lehrertyp A hetzt mit wehenden Haaren einige Minuten nach Unterrichtbeginn mit seinen eilig angefertigten Kopien in den Klassenraum.

Er erscheint zu spät vor der Klasse, hat auf der Treppe in den zweiten Stock immer zwei Stufen gleichzeitig genommen und leidet deswegen unter Schnappatmung, leichte Schweißperlen bilden sich möglicherweise auf seiner Stirn, aber er hat kein Klassenbuch, weil er es vor lauter Hektik vergessen hat. Lehrertyp A wird es nur schwerlich gelingen, souverän und gelassen zu sein, weil er in so einer Situation zu viele Probleme gleichzeitig lösen muss.

Lehrertyp B

Dieser Lehrertyp verfügt über besonders stählerne bzw. nicht vorhandene Nerven. Er überhört locker – unabhängig davon, ob er schon kopiert hat oder nicht – das zweite Klingeln, nimmt den Umweg über die Küche, wo er noch rasch einen Kaffee trinkt, dann packt er das Klassenbuch ein und begibt sich anschließend in den Klassenraum. (In manchen Schulen übernehmen auch Schüler den Klassenbuchdienst, was allerdings aus juristischer Sicht bedenklich ist, wenn so ein Dokument verschwindet.) Unterwegs kann es passieren, dass er noch einen Kollegen vom Lehrertyp A trifft und eine Unterhaltung mit ihm beginnt. Da Lehrertyp A aber im Gegensatz zu Lehrertyp B in Eile ist, weil sein pädagogisches Gewissen ihn plagt, wird es nur ein sehr kurzes Gespräch. Wenn er dann im Klassenraum ankommt, stellt er nicht selten fest, dass sich dort schon Chaos ausgebreitet hat. Im Klassenraum hat sich, wenn ihm ein pünktlicher Kollege schon die Tür aufgeschlossen hat, meistens schon in Abwesenheit des Lehrers erhebliche Unruhe unter den Schülern breitgemacht. Es kostet Kraft, diese Ruhe wiederherzustellen, unnötige Kraft.

TIPP
Haushalten Sie mit ihren Kräften, denn Ihr Beruf ist anstrengend.

Abgesehen davon, übernimmt juristisch gesehen der Kollege die Aufsichtspflicht für die Schüler, der ihnen die Tür aufschließt. Das heißt, passiert etwas in der Zeit, in der sich die Schüler allein im Klassenraum aufhalten, ist der Kollege verantwortlich, der ihnen aufgeschlossen hat.

Wir können aus diesem Grund nur empfehlen, den Schülern, deren Lehrer unpünktlich ist, nicht aufzuschließen. Das ist kein unkollegiales Verhalten, sondern eine Form des Selbstschutzes. Schließlich wollen Sie nicht für das Fehlverhalten der Kollegen zur Rechenschaft gezogen werden.

Hat aber keiner den Schülern aufgeschlossen, toben sie aller Wahrscheinlichkeit nach lautstark in den Fluren herum und kosten anderen Kollegen, die ihren Unterricht beginnen möchten, Kraft und Nerven. Stellen Sie sich vor, dass Sie Ihren Unterricht beginnen wollen, während auf dem Flur eine andere Klasse lautstark herumtobt.

Wenn Referendare Unterrichtsbesuche haben, müssen die Kollegen in den Nachbarklassen häufig instruiert werden, an diesem Tag pünktlich zu sein, damit der sowieso schon nervöse Referendar nicht durch tobende Schüler auf dem Flur gestört wird.

Es gibt also jede Menge gute Gründe, rechtzeitig vorbereitet zu sein, was der Lehrertyp C wäre, der übrigens auch stark vertreten ist.

Lehrertyp C

Lehrertyp C hat sich nicht nur solide auf den Unterricht vorbereitet, er weiß auch, welche wichtigen Termine in nächster Zeit anstehen. Er hat den nächsten Elternsprechtag genauso wie den Besuch des Schulfotografen oder die nächste Probe mit der Lehrerband in seinen Lehrerplaner eingetragen. Auf diese Weise treffen ihn solche Termine nie unvorbereitet. Wenn er sogar das Protokoll der letzten Dienstbesprechung gelesen hat, bevor er an der nächsten teilnimmt, würde wir von Lehrertyp C+ sprechen.

Eigentlich kann man in diesem Beruf nicht lange durchhalten, wenn man arbeitet wie Lehrertyp A oder B. Es gibt zwar immer wieder Beispiele von jungen und altgedienten Kollegen, die das Gegenteil beweisen, aber grundsätzlich sollten Lehrer, die noch etwas von ihrer Pension haben wollen, den Tag nicht mit so viel Stress beginnen.

Ersparen Sie sich das durch eine rechtzeitige Planung und Vorbereitung! Das ist auch im Interesse Ihrer eigenen Gesundheit.

Die für Sie aus diesem Abschnitt resultierende Frage lautet: Was tue ich, wenn mir ein Kollege auf die oben beschriebene Art und Weise das Unterrichten schwer macht, weil regelmäßig Schüler durch seine Unpünktlichkeit auf dem Gang herumtoben?

Die Wahrscheinlichkeit, dass dieser Fall einmal eintreten wird, geht unserer Erfahrung nach gegen 100 Prozent. Seien Sie also vorbereitet!

Um das zu beantworten, möchten wir mit Ihnen drei verschiedene Szenarien, die möglich sind, durchgehen.

Wie verhalte ich mich am besten in kritischen Situationen?

Szenario I

Sie sprechen den Kollegen, der sich regelmäßig verspätet, direkt an. Überlegen Sie sich genau, wie Sie das machen, ohne unnötig „Porzellan" zu zerschlagen. Sie könnten so etwas sagen wie: „Hör mal, Gerd, wenn ich meinen Unterricht morgens beginnen möchte, toben deine Schüler häufig noch eine ganze Weile auf dem Flur herum. Das ist sehr laut und es macht mir den Einstieg schwer!"

Mit dieser Eröffnung haben Sie Ihrem Kollegen keinen konkreten Vorwurf gemacht und Ich-Botschaften gesandt. Sie haben die Situation beschrieben. Auf diese Weise fühlt sich Gerd hoffentlich nicht in die Enge getrieben. Gerd hat jetzt zumindest die Chance, Ihnen gegenüber Empathie zu zeigen sowie kollegial zu sein. Im besten Fall wird er Ihnen etwas von seinem Stress erzählen, was er alles so um die Ohren hat und er wird hoffentlich Besserung geloben.

Wenn Gerd ein emphatischer Typ ist, wird es wahrscheinlich so oder ähnlich laufen, auch wenn er vielleicht etwas anderes denkt. Das braucht Sie aber nicht weiter zu stören, weil die Gedanken schließlich frei sind. Erscheint Gerd in Zukunft pünktlich, ist Ihr Ziel erreicht.

Wenn es schlecht läuft, fühlt Gerd sich trotz der diplomatischen Ansprache gekränkt oder ist sauer. Dann kann es auch passieren, dass er böse wird. Diese Möglichkeit besteht immer, denn hier wird, wenn auch indirekt, Kritik geübt. Kritik ist in der Schule ein heikles Thema, vor allem wenn es persönlich wird. An anderen Kollegen Kritik zu üben, gehört, soweit wir das aus Erfahrung sagen können, nicht zum Schulalltag. Das ist auch richtig so, weil man sonst endlose Konflikte heraufbeschwören würde. In einigen Schulen gibt es kollegiale Gruppenhospitationen, das heißt, die Kollegen besuchen sich gegenseitig im Unterricht und beraten sich. Da wird dann nach festen Regeln qualifizierte Beratung geleistet. Das kann durchaus hilfreich sein. Was zwischen Tür und Angel passiert, geht meistens schief.

Szenario II

Sie unternehmen gar nichts! Das passiert wohl in den häufigsten Fällen, weil man den Konflikt scheut, gerade wenn man noch nicht so lange an der Schule arbeitet. Niemand möchte es sich mit den anderen verderben, indem er anfängt, alte Gewohnheiten infrage zu stellen. Natürlich möchte sich jeder, der anfängt, erstmal eingewöhnen, sich etablieren und seinen Platz im Kollegium finden. Vielleicht ist das für den Anfang nicht die schlechteste Vorgehensweise. Später, wenn Sie Gerd etwas besser kennen, fällt Ihnen ein Gespräch über dieses Thema mit ihm wahrscheinlich leichter, weil Sie ihn besser kennen. Wenn man mit der Tür ins Haus fällt, ist die Wahrscheinlichkeit groß, sich unbeliebt zu machen. Darüber sollte man sich klar sein.

Allerdings müssen Sie dann für einen selbstgewählten Zeitraum mit der misslichen Situation leben.

Szenario III

Sie gehen direkt zur Schulleitung. Die Schulleitung wird das Problem dann wahrscheinlich für Sie regeln, aber dafür haben Sie ein neues Problem. Sie werden vielleicht für den Rest Ihrer Zeit an der Schule der widerliche Denunziant sein, mit dem keiner etwas zu tun haben will. Also machen Sie das nicht! Diese Variante erwähne ich nur als absolutes Negativbeispiel. Sie sollten bei allen Problemen immer das direkte Gespräch mit den betreffenden Personen suchen. Es kann unter Umständen hilfreich sein, jemanden mit in das Gespräch zu nehmen. Das kann ein Kollege Ihres Vertrauens sein, oder vielleicht jemand aus der Personalvertretung. Das hängt davon ab, wie gut sich die Personen kennen und wie gut Sie sich mit ihnen verstehen. Allerdings kann auch durch eine dritte Person Druck aufgebaut werden. Durch eine dritte Person bekommt so ein Gespräch einen offiziellen Charakter und damit auch mehr Bedeutung.

Auch in der Schule gibt es Hierarchien. Aufkommende Konflikte sollten möglichst auf der Ebene bleiben, auf der sie entstehen. Das gilt natürlich nur soweit das möglich ist.

Trotzdem passiert es immer wieder, dass man versucht, Probleme oder Konflikte ein oder zwei Ebenen höher zu lösen. Das geschieht häufig, weil jemand das direkte Gespräch mit der betreffenden Person scheut. Es erscheint zunächst leichter, weil das Problem jemand anderem angetragen wird, der sich dann damit beschäftigen muss. Allerdings sollten Sie immer bedenken, dass es so auch sein kann, dass ein Problem, das vielleicht schnell und unbürokratisch zu lösen wäre, unnötig hohe Wellen schlägt. Der Schaden, der zuweilen zwischenmenschlich angerichtet wird, ist oft irreparabel. Dass Probleme zu hoch gehängt werden, passiert nicht nur auf Lehrerebene, sondern auch auf Elternebene. Es gibt Eltern, die sofort bei der Landesschulbehörde anrufen, wenn sie ein Dienstvergehen auch nur erahnen. Seien Sie sich dessen bewusst.

Das Ansehen des Lehrerberufs hat stark gelitten und das ist nicht erst seit Bundeskanzler Gerhard Schröders berühmtem Ausspruch, „Lehrer sind alle faule Säcke", so. Jeder kennt die Klischees, nach denen Lehrer vormittags recht haben und nachmittags frei. Dazwischen liegen sie im sogenannten „Lehrerkoma" auf dem Sofa.

Dass das nicht wahr ist, brauchen wir hier nicht näher zu erörtern. Jeder, der diesen Beruf ausübt, weiß, wie hoch die Arbeitsbelastung ist. Es ist aber festzustellen, dass viele Leute sich durch Gerhard Schröders Ausspruch in ihrer Meinung über Lehrer von hochoffizieller Seite bestätigt sahen und dass diese Meinung in weiten Teilen der Bevölkerung erhalten geblieben ist. So ist es nicht verwunderlich, dass der ganze Berufsstand stärker in den Fokus der Kritik geraten ist. Bei all der Polemik wird natürlich unter anderem auch vergessen, dass der zeitliche Aufwand, der für eine Arbeit betrieben wird, nicht der einzige Parameter ist, an dem sich der Wert einer Arbeit oder die Arbeitsbelastung ausmachen lässt. Wer einmal in seinem Leben Unterricht in einer Schule gegeben hat, weiß, dass die Arbeitsintensität zu hoch ist, um acht Stunden am Tag zu unterrichten. Je nach Alter der Kinder und Schulform ist selbst der widerstandsfähigste Pädagoge nach 4–6 Unterrichtsstunden völlig erschöpft.

Deshalb ist es umso wichtiger, dass Sie Ihre Arbeit strukturieren, planen und zeitlich begrenzen. Wir werden dazu in den folgenden Kapiteln praktische Tipps und Methoden vorstellen. Dabei geht es nicht um Arbeitsvermeidung, sondern um Effizienz. Dazu gehört es immer wieder, zu reflektieren, wie ein ausgeführter Arbeitsvorgang funktioniert hat und ob es Möglichkeiten der Optimierung gibt. Sie sagen, dass das selbstverständlich ist? Wir sagen Ihnen, dass es jede Menge Menschen gibt, die über Jahrzehnte hinweg immer wieder die gleichen Fehler machen, weil sie ihre Arbeit nicht reflektieren und deswegen keine geeigneten Schlussfolgerungen für Optimierungen ziehen können. Auch die viel zitierte Berufserfahrung nützt gar nichts, wenn die Fähigkeit zur Reflexion fehlt. Ich kann mich 20 Jahre lang jeden Morgen in den Stau vor den Kopierer stellen und mit wehenden Haaren in den Unterricht hetzen. Wenn ich nicht irgendwann auf die Idee komme, die Kopien schon ein, zwei Tage eher zu einer Zeit zu machen, wo der Kopierer weniger stark frequentiert ist, oder den Schulassistenten damit zu beauftragen, wird mich dieser allmorgendliche Stress vermutlich ein paar Jahre eher ins Grab bringen.

Eltern rufen zum Beispiel gern den Klassenlehrer an, um sich über Fachlehrer zu beschweren. Die erste Frage, die dann von dem Klassenlehrer gestellt werden muss, lautet: Haben Sie schon mit dem Kollegen selbst darüber gesprochen?

Wenn das direkte Gespräch noch nicht stattgefunden hat, können Sie das Telefonat auf freundliche, aber bestimmte Art für beendet erklären.

Auf diese Weise wird das Anliegen erst einmal eine Ebene tiefer angesiedelt, es wird „kleingekocht" und das sollte als durchgängiges Prinzip gelten, um den Schulalltag souverän meistern zu können. Es soll nicht bagatellisiert oder verharmlost werden, verstehen Sie mich nicht falsch, aber man braucht ein bisschen Augenmaß im Umgang mit Konflikten. Das Ziel muss Deeskalation sein! Ich habe schon Kollegien erlebt, die regelmäßig professionelle Hilfe von Psychologen brauchten, weil sie ihre Konflikte untereinander nicht selber lösen konnten.

Eine weitere Möglichkeit, einen Kollegen auf ein Problem anzusprechen, ist, dass Sie ihm ein Exemplar unseres Buches zukommen lassen und diese Stelle hier mit einem Post It markieren.

2.2 Die eigene Arbeit organisieren

TIPP
Nutzen Sie die in der Schule vorhandenen Lehrerarbeitsplätze.

Die meisten Lehrer sagen: *Ich gehe zur Schule* und nicht: *Ich gehe zur Arbeit.* Der Arbeitsplatz Schule wird nicht als Arbeitsplatz bezeichnet. Die große Mehrheit der Erwerbstätigen, die nicht Lehrer sind, sagen: *Ich gehe zur Arbeit.*

Ich habe mich mal mit Drittklässlern im Stuhlkreis unter anderem über verschiedene Berufe unterhalten. Die Kinder haben ihre Berufswünsche teilweise sehr gestenreich dargestellt, was durchaus interessant war. Vom Topmodel bis zum Astronauten war alles dabei und am Ende, als ich gerade den Stuhlkreis beenden wollte, fragte mich ein Mädchen: „Was arbeitest du eigentlich so?" Was das Mädchen in seiner Unbedarftheit auf ungewollt lustige Art zum Ausdruck gebracht hat, spiegelt eine Haltung wider, die in der Welt vieler Erwachsener auch zu finden ist.

Der Unterricht wird nach einem vorgegebenen Plan in der Schule erteilt. Das ist Fakt und daran lässt sich wenig ändern. Der Unterricht ist aber nur ein Teil des überaus umfangreichen Aufgabenkatalogs eines Lehrers. Was ist mit den Unterrichtsvorbereitungen, mit den Korrekturen, mit den Beratungsgesprächen, Gutachten und mit den Telefonaten? Wo erledigen Sie diese Arbeiten?

Ein erheblicher Teil der Arbeit findet bei den meisten Lehrern zuhause statt. Das Problem beginnt häufig bei der Vermischung von Privatem und Beruflichem. Je nach familiärer Situation kann dieses Problem sehr massiv werden. Jeder kennt das Bild des Lehrers, das auch gern in Dokumentationen über Lehrer gezeichnet wird.

Wenn der Lehrer aus der Schule kommt, widmet er sich ganz der Familie, er putzt, kocht, spielt mit seinen zahlreichen Kindern, bringt sie zum Klavierunterricht und ist nebenbei meist noch ein begeisterter Heimwerker oder schraubt an Oldtimern. Oft haben Lehrerhobbys einen Hauch von Exklusivität. Abends ins Fitnessstudio gehen kann jeder, aber nachmittags schon auf dem Golfplatz stehen nicht. In der Öffentlichkeit erfüllt er damit natürlich das Klischee des Lehrers, der mittags auf dem Sofa liegt und nachmittags frei hat. Er gibt allen Unkenrufen recht und ruft die Neider auf den Plan, die ja eigentlich alle so gern arbeiten, aber trotzdem ein Problem mit der freien Arbeitszeitgestaltung eines Lehrers haben. Sie ahnen, eine vermeintliche Ungerechtigkeit.

Der Vorteil oder die Krux – je nach Blickwinkel des Betrachters – liegt in der freien Einteilbarkeit der Arbeitszeit nach Unterrichtsschluss. Viele Lehrer neigen tatsächlich dazu, die Schule nach Unterrichtsschluss erstmal so schnell wie möglich zu verlassen und die noch übrigen Arbeiten wie die Unterrichtsvorbereitungen und Korrekturen auf den Abend zu verschieben. Das ist auch verständlich, weil ein Tag in der Schule je nach Stundendeputat mit bis zu acht Unterrichtsstunden sehr anstrengend sein kann. Die Arbeit ist aber nur verschoben. Meistens wird die Arbeit dann erst wieder nach dem Abendbrot, wenn die Kinder im Bett sind, aufgenommen. Wer seinen Tag so strukturiert, läuft natürlich Gefahr, bis tief in die Nacht arbeiten zu müssen. Die Klassenarbeiten müssen korrigiert, der Unterricht muss vorbereitet und manchmal muss noch ein Elternbrief oder Ähnliches geschrieben werden. Jetzt sind wir bei dem Teil der Lehrertätigkeit, der natürlich seitens der Öffentlichkeit weniger wahrgenommen wird. Wir kennen Lehrer, die so arbeiten, aber die meisten von ihnen bewegen sich am Rande ihrer Belastbarkeit. Sie brennen schon aufgrund des ständigen Schlafmangels früher oder später aus. Deshalb empfehlen wir Ihnen, die außerunterrichtlichen Tätigkeiten – zumindest einen Teil – direkt nach der letzten Unterrichtsstunde, vielleicht nach einer kleinen Mittagspause, in der Schule zu erledigen.

Erkundigen Sie sich zunächst, ob es in der Schule Lehrerarbeitsplätze gibt! Wie viele gibt es? Wie sind sie ausgestattet und zu welchen Tageszeiten sind sie zugänglich? Wenn es keine gibt, hat sich eine Entscheidung schon weitgehend erübrigt. Wenn es Lehrerarbeitsplätze mit Internetzugang, Drucker und Telefon in ausreichender Anzahl gibt, hat das eine Reihe von Vorteilen. Ein erheblicher Vorteil liegt darin, dass Sie eine räumliche Trennung von Privatem und Beruflichem haben. Sie können zuhause abschalten und sich von dem belastenden Gefühl des *Niefertigseins* befreien.

Wenn Sie bewusst Zeiten einplanen, in denen Sie in der Schule außerunterrichtlich arbeiten und diese auch einhalten, erreichen Sie zugleich eine zeitliche Begrenzung dieser Tätigkeiten. Das ist übrigens ein Prinzip, das Sie sich für alle Bereiche der schulischen Arbeit aneignen sollten. Setzen Sie Zeitlimits, bei allem, was Sie machen. Korrekturen, Unterrichtsvorbereitungen und Elterngespräche sollten einen begrenzten zeitlichen Rahmen haben. Das hat etwas mit professioneller Planung zu tun. Sollte die eingeplante Zeit für eine Arbeit nicht reichen, müssen Sie nachsteuern. Das bedeutet nicht zwangsläufig, dass Sie sofort mehr Zeit zum Beispiel für die Unterrichtsplanung investieren müssen. Das Problem könnte auch in der Strukturierung oder der Organisation liegen.

Als Schulleiter hat einer der Autoren dieses Bandes zum Beispiel immer ca. 45 Minuten nach der letzten Unterrichtsstunde für die Unterrichtsvorbereitungen eingeplant. Je nach Stundendeputat und Stundenplan eignen sich dafür natürlich auch ganz hervorragend Springstunden, also unterrichtsfreie Zeiten zwischen den Unterrichtsstunden. Ein grob geplanter Verlauf sollte im Lehrerplaner notiert und die dazugehörigen Materialien zusammengestellt werden. In der Schule gibt es normalerweise alle nötigen Materialien wie beispielsweise Bücher (Lehrerhandreichungen), Drucker, Kopierer, Laminier-Geräte usw. Das sind teilweise vielleicht Dinge, die Ihr Home-Office nicht bietet, die aber die Vorbereitungen erleichtern und den zeitlichen Aufwand verkürzen. Der zeitliche Rahmen ist wichtig, weil es dann natürlich auch Zeit für ein Mittagessen und eine Pause wird. Im günstigsten Fall verlassen Sie die Schule und haben bereits Ihre Unterrichtsvorbereitungen für den nächsten Tag komplett erledigt. Sie haben dann, falls keine Konferenzen oder Korrekturen anstehen, für den Rest des Tages frei. Sie brauchen sich praktisch und gedanklich bis zum nächsten Morgen nicht mehr mit schulischen Angelegenheiten befassen. Sogar den berühmten Stau vor dem Kopierer haben Sie elegant umkurvt und können sich am nächsten Morgen in aller Ruhe noch einen Kaffee vor der ersten Stunde gönnen.

TIPP
Legen Sie einen zeitlichen Rahmen für Gespräche fest.

Fakt ist aber auch, dass die meisten Lehrer nicht ohne einen häuslichen Arbeitsplatz auskommen, weil das außerunterrichtliche Arbeitsaufkommen zu hoch ist, als dass sie es gänzlich in der Schule erledigen könnten.

2.2.1 ADA-Ablagesystem

Wie sollte sich die Organisation des häuslichen Arbeitsplatzes gestalten?

In der Schule gibt es viel Papier, Listen, Informationen der Schulleitung, Einladungen usw. Vieles wird inzwischen sinnvollerweise in digitalisierter Form per E-Mail verschickt. Viele Schulleiter schicken zum Beispiel die Fortbildungsangebote der Schulbehörde per E-Mail an die Kollegen weiter. Trotz vereinzelter Bemühungen, die Digitalisierung in der Bürokratie voranzutreiben, gibt es aber noch immer zu viele Briefe, Papiere, Arbeitsblätter usw. Hinzu kommen etwa eigene Papiere wie Unterrichtsmaterialien, Schülerlisten. Im Durchschnitt geht alle 14 Tage ein Satz Klassenarbeiten über den Schreibtisch, was den Papierberg auch erheblich wachsen lässt. Nicht selten hört man die Kollegen darüber klagen und manch einer hat das sprichwörtliche Gefühl, daran „zu ersticken".

Tatsächlich wächst der bürokratische Aufwand durch immer neue Aufgabenbereiche, wie zum Beispiel die Inklusion, stetig und scheinbar unaufhaltsam. Es gibt Formulare, Briefe, Listen jeglicher Art, die alle möglichst systematisch abgearbeitet und abgelegt werden müssen.

Allein die Inklusion hat schon ein so stark erhöhtes Aufkommen von Bürokratie verursacht, dass dafür fast schon – zumindest was die Grundschule betrifft – eine eigene Verwaltungskraft notwendig wäre. Es gibt unter anderem Vordrucke für Fördergutachten und Elternbriefe. Diese offiziellen Formulare finden Sie alle im Internet auf der Website der Schulbehörde. In Niedersachsen ist das *nibis.de*. Wenn Sie dort unter der Rubrik „Service-Formulare" nachschauen, bekommen Sie wahrscheinlich eine erste Ahnung, wie viele verschiedene Formulare es gibt. Das Gute daran ist, dass diese Formulare digital zur Verfügung stehen und bei Bedarf ausgedruckt werden können.

Anders verhält es sich meistens mit der schulinternen Bürokratie. Sie werden nahezu täglich Informationen der Schulleitung, Einladungen zu Konferenzen usw. in ihrem Fach finden. Jeder hat seine eigene Methode, die Papierflut zu verarbeiten. Manche Kollegen haben meterweise Ordner zuhause und in der Schule gelagert, andere legen alles auf einen großen Haufen, was übrigens auch ein System ist, und natürlich gibt es auch die, die einfach immer eine große Tasche mit sich herumschleppen, aus der an allen Öffnungen schon das Papier quillt. Es ist auch bei einigen gestandenen Lehrern schon fast zu Nervenzusammenbrüchen gekommen, weil im entscheidenden Augenblick das so dringend benötigte Formular nicht auffindbar war. Kurz vor den Zeugniskonferenzen fehlt plötzlich die Liste mit den Bemerkungen zum Arbeits- und Sozialverhalten. Solche Situationen lösen Stress aus, der einem graue Haare wachsen lässt. Wohl dem, der dann auf Dateien zurückgreifen kann, wo diese Daten gespeichert sind.

DATENSCHUTZ

Übrigens ist es datenschutzrechtlich nicht erlaubt, Schülerdaten auf dem eigenen Rechner zu speichern. Allerdings kann Ihnen Ihr Schulleiter dafür eine Genehmigung erteilen. Jede Schule – zumindest in Niedersachsen – hat inzwischen einen Datenschutzbeauftragten, der Ihnen Näheres dazu erklären kann und bestimmt auch das entsprechende Formular dafür bereithält.

Um den Rücken zu schonen, sind viele Kollegen schon auf Trolleys umgestiegen. Es ist mit Sicherheit der Gesundheit des Knochengerüstes förderlich, sich Transportmittel für all die Papierstapel zu suchen, die den Rücken entlasten, aber es ist noch besser, sich zu überlegen, wie man das übermäßig starke Papieraufkommen vermeidet.

TIPP
Reduzieren Sie Papierstapel.

Die Ablage nimmt Platz und Zeit in Anspruch. Das sind wertvolle Ressourcen, mit denen wir überlegt umgehen sollten. Wir sind der Meinung, dass es sinnvoll ist, den Papierberg so klein wie möglich zu halten.

Stellen Sie sich folgende alltägliche Situation im Arbeitsleben eines Lehrers vor. Das Schuljahr neigt sich dem Ende entgegen. In acht Tagen beginnen die ersten Zeugniskonferenzen für die Abschlussschüler. Es ist Freitag, die Woche war sehr anstrengend. Sie hatten vielleicht wegen der Abschlussprüfungen einen erhöhten Korrekturaufwand. Außerdem kam noch hinzu, dass Sie im Rahmen der anstehenden Schulinspektion am Montagnachmittag ein Treffen mit ihrer Arbeitsgruppe hatten, um das Hausaufgabenkonzept zu aktualisieren. Am Dienstag hatte der Schulleiter noch wegen der Schulinspektion kurzfristig eine Dienstbesprechung anberaumt. Diese Dienstbesprechung dauerte über zwei Stunden, weil einige Kollegen sich bei dem Tagesordnungspunkt *Verschiedenes* nicht bremsen ließen. Der Beauftragte für Arbeits-

und Gesundheitsschutz ließ es sich nicht nehmen, ausführlich darüber zu berichten, dass der ausgestopfte Dachs im Biologieraum fachgerecht entsorgt werden muss, weil er vermutlich mit gesundheitsschädlichen Chemikalien behandelt wurde. Die Sicherheitsbeauftragte referierte noch über die Fehler bei der letzten Feueralarmübung und kam ins Schwelgen, als sie bei der neuen Kennzeichnung der Fluchtwege ankam.

Inzwischen haben einige Kollegen schon während des Vortrags in der Dienstbesprechung angefangen, Klassenarbeiten zu korrigieren oder *Schiffe versenken* zu spielen.

Wie gelingt die eigene Zeiteinteilung?

Sie kamen mit Ihren Korrekturen in Verzug und die Unterrichtsvorbereitungen mussten auf ein Minimum beschränkt werden. Am Mittwoch mussten Sie zuhause noch einen Kindergeburtstag feiern. Schließlich will die Familie auch nicht ganz auf Sie verzichten. Mittlerweile ist es Freitagvormittag und natürlich hat der Donnerstagnachmittag bei Weitem nicht für die noch ausstehenden Korrekturen gereicht. In den ersten beiden Stunden haben Sie Sport gegeben, was Ihnen nicht so schwerfiel, weil die Vorbereitungen für die Bundesjugendspiele laufen. Das können Sie auch ohne eine gründliche Unterrichtsvorbereitung.

Aber jetzt haben Sie die 10A in Deutsch, eine Doppelstunde. Sie lesen gerade eine Lektüre. Zunächst müssen Sie wissen, auf welcher Seite Sie in der letzten Stunde stehen geblieben waren. Da können Sie zur Not die Schüler fragen, auch wenn das schon sehr unprofessionell wirkt. Ein Schüler sollte ein Referat halten und ein Kapitel zusammenfassen, aber Ihnen fällt nicht mehr ein, ob es Martin oder Leonard war. Außerdem sollten noch einige Schüler die vergessenen Hausaufgaben der letzten Stunde nachholen und vorzeigen. Auch da sind Sie sich nicht sicher, wie viele es waren und wer es war. Eigentlich wollten Sie auch das Lesetagebuch einsammeln, aber Ihnen ist entfallen, ob es die 10A oder die 10B war, der Sie das Einsammeln der Mappen angekündigt hatten. Sie unterrichten nämlich beide Klassen parallel, allerdings nicht exakt im Gleichschritt, da es in der einen Klasse ein bisschen langsamer mit der Lektüre vorangeht. Sie wollten sich den Film der Lektüre mit der Klasse im Kino anschauen und hatten auch schon alles organisiert, aber einige Schüler hatten das Kinogeld noch nicht bezahlt. Die Liste dafür liegt noch im Lehrerzimmer, weil Sie kurz vor Ende der letzten Pause noch eine kleine Auseinandersetzung mit einem Kollegen hatten. Es ging um die Frage, ob die Inklusion wirklich das richtige Mittel sei, um die Schüler bestmöglich zu fördern.

Sie haben also schon in den ersten zwei Minuten der Unterrichtsstunde mindestens sechs offene Fragen im Kopf, die Sie auch durch intensives Nachdenken nicht alle zuverlässig beantworten können. Darüber hinaus haben Sie noch die leidige Diskussion über den Sinn oder Unsinn der Inklusion im Kopf und regen sich innerlich mächtig über die Kollegin mit dem Doppelnamen auf, die Ihrer Meinung nach, das ganze Schulsystem nicht verstanden hat. Sie haben also nicht nur keinen Plan, Sie sind auch geistig abwesend. Es fehlt die Vorbereitung. Ihnen fehlen Notizen, auf die Sie zurückgreifen können, um zumindest den organisatorischen Anforderungen der Unterrichtsstunde genügen zu können. Schüler haben eine Antenne für solche Situationen und wenn es schlecht läuft, nutzen sie Ihre missliche Lage, um Sie vorzuführen.

TIPPS
zur Organisation von Klassengeschäften

An dem ADA-Ablagesystem möchten wir exemplarisch darstellen, wie es gelingen kann, ein System zu schaffen, in dem sich alle wichtigen Aufzeichnungen wiederfinden lassen und das möglichst wenig Papierberge produziert. Dieses simple System soll Ihnen helfen, bei geringem Aufwand im Schulalltag immer alle relevanten Informationen für die Unterrichtsvorbereitung zur Hand zu haben. Nur wenn Sie den Klassenraum betreten und genau sagen können, wer die Hausaufgaben noch nachzeigen muss und an welcher Stelle des Buches Sie den Unterricht beendet hatten, können Sie souverän wirken. Wenn Sie unsicher sind, werden Sie leicht zum Ziel für Schüler, die auf solche Momente warten.

Das ADA-Ablagesystem bezieht sich auf die Unterrichtsvorbereitung, lässt sich aber in modifizierter Form auch auf andere schulische Arbeitsbereiche übertragen. Zum Beispiel ist es bei der Vorbereitung von Elternabenden oder auch Elterngesprächen immer ratsam, sich vorher Notizen zu machen. Sie können sich dann Gesprächsprotokolle auf Ihrem ausgedruckten Notizzettel anfertigen und auch gegebenenfalls Zielvereinbarungen notieren. Häufig geht es bei solchen Gesprächen um die Leistungsstände von Schülern. Sie sollten dann gegenüber den Eltern einen Ist-Stand und ein Ziel formulieren. Welche Leistungen erwarten Sie, damit zum Beispiel das Klassenziel am Ende des Schuljahres erreicht wird? Es kann sehr unangenehm sein, wenn Sie aufgrund der hohen Anzahl von Elterngesprächen nicht mehr wissen, was Sie mit den jeweiligen Eltern und Schülern besprochen haben (vgl. Kap. Vorbereitung eines Elternabends).

TIPPS
zur Vorbereitung von Elterngesprächen

Der Schlüssel zu weniger Papierbergen liegt, Sie ahnen es, in der *systematischen* Digitalisierung. Die Digitalisierung ist nicht mehr das vorrangige Problem, das System kann aber sehr wohl eines sein. Deshalb ist das ADA-Ablagesystem gerade zu Beginn einer Lehrerlaufbahn ein praktikables Mittel, um einen Fundus an Unterrichtsvorbereitungen anzulegen, von dem Sie mit fortschreitender Zeit profitieren. Sie können damit auf alte Unterrichtsvorbereitungen zurückgreifen. Im besten Fall, brauchen Sie Ihren Unterricht kaum noch vorbereiten.

Das Prinzip ist ebenso simpel wie gut! Ausdrucken – Durchführen – Aktualisieren (ADA).

Bei der Vorbereitung Ihres Unterrichts fertigen Sie einen kurzen schriftlichen Unterrichtsentwurf an. Das machen Sie in tabellarischer Form am Rechner. Die Tabelle dafür kann zum Beispiel wie unten dargestellt aussehen.

Denken Sie daran, dass Sie kein Lehramtsanwärter mehr sind. Manchmal kann es eine Weile dauern, bis dieser entscheidende Fortschritt ins Bewusstsein gedrungen ist. Das kann dazu führen, dass Sie jetzt bei dem Anblick solcher Tabellen von Unbehagen geplagt werden, weil Sie noch immer die hohen Ansprüche Ihrer Ausbilder an Ihre Unterrichtsentwürfe im Kopf haben. Also legen Sie Ihre eigenen Maßstäbe für die Erstellung solcher Tabellen an. Diese Tabellen müssen Ihren Ansprüchen gerecht werden und auf Ihre Art der Unterrichtsvorbereitung zugeschnitten sein.

Je nach persönlicher Neigung oder Unterrichtsfach kann vielleicht noch eine Spalte für Unterrichtsmaterialien eingefügt werden, damit sofort ersichtlich wird, welche Materialien noch vorbereitet bzw. kopiert werden müssen. So eine kurze schriftliche Vorbereitung ist nicht vergleichbar mit den Schemata von geplanten Unterrichtsverläufen, die Sie im Referendariat gelernt haben. Es ist eher die Skizzierung eines geplanten Unterrichtsverlaufes.

Datum	Tag	Titel	Inhalt
13.12.18	Mo	Einführung Erörterung	• Text „Todesstrafe" gemeinsam lesen • EA Test bearbeiten, Argumente verschiedenfarbig unterstreichen, herausschreiben • PA Gespräch über das Thema führen. Welche Argumente sind besser? • Organisation Klassenfahrt: Kostenübernahmeerklärung
14.12.18	Di	Merkmale Erörterung	• Argumente an der Tafel sammeln • Merkmale der Erörterung anhand des Textes erarbeiten • Hausaufgabe: Tabelle anfertigen • Hannes und Josephine müssen HA nachzeigen
15.12.18	Mi	Textproduktion	• Verfassen einer Erörterung • Schreibkonferenz • Elternbrief Klassenfahrt verteilen

Abb. 2: Fach Deutsch Kl. 8a (Beispiel einer kurzen schriftlichen Unterrichtsvorbereitung)

Es ist auch durchaus sinnvoll, dort Erinnerungshilfen für organisatorische Angelegenheiten zu notieren. Es gibt im Schulalltag viel zu organisieren und viele wichtige Details zu bedenken. Deswegen ist es nicht nur für den Berufsanfänger ratsam, sich einige Notizen zu machen.

Ausdrucken

Diesen Verlaufsplan drucken Sie aus und nehmen ihn mit in den Unterricht. Er dient gleichzeitig als Notizzettel, auf dem Sie alles notieren, was Ihnen wichtig erscheint.

Durchführen

Im Unterricht können Sie handschriftliche Notizen in die Tabelle schreiben. Das können fehlende Schüler sein, das können Nachbesserungen der Vorbereitung und Planung sein.

TIPPS
zur Vorbereitung und Durchführung von Unterricht

Sie sollten auch die Hausaufgaben, die erteilt werden sollen, dort notieren. Auch Hausaufgaben sollten geplant werden. Manchmal ist es bei einem Stundendeputat von 26 oder mehr Unterrichtsstunden und verschiedenen Unterrichtsfächern nicht so einfach, sich für jede Stunde zu merken, was eigentlich die Hausaufgabe der letzten Unterrichtsstunde war. Und glauben Sie uns, es gibt kaum eine unangenehmere Situation für einen Lehrer als den Moment, in dem er die Schüler fragen muss: „Sagt mal, was hattet ihr eigentlich auf?" Natürlich kann man das etwas geschickter machen, indem man fragt: „Wer weiß denn, was die Hausaufgabe der letzten Stunde war?" Aber unterschätzen Sie auch nie Ihre Schüler! Spätestens dann weiß jeder Schüler, dass der Lehrer nicht vorbereitet ist.

Wenn sich zum Beispiel ein Text, den Sie für eine Unterrichtsstunde vorgesehen haben, als ungeeignet herausstellt, schreiben Sie es während der Stunde auf ihren vorbereiteten Zettel. Alle persönlichen Notizen, die für eine erneute Durchführung dieser Unterrichtsstunde wichtig sind, gehören auf den Zettel. Darüber hinaus können Sie natürlich auch Notizen über Elternbriefe, Elterninformationen und vor allem über nicht abgegebene Rücklaufzettel der Schüler machen. So behalten Sie über diese organisatorischen Abläufe einen Überblick.

TIPPS
zur Dokumentation von Leistungsständen von Schülern

Solche Informationen sind übrigens auch sehr wertvoll für Elterngespräche. Es ist keine Seltenheit mehr, dass Zensuren von Eltern angezweifelt werden. Bei Versetzungszeugnissen handelt es sich um einen Verwaltungsakt. Das heißt, Zensuren, die zur Nichtversetzung führen oder zur Folge haben, dass ein angestrebter Abschluss nicht erreicht wird, und elterlicherseits angezweifelt werden, können zu einer juristischen Auseinandersetzung vor Gericht führen. Das kommt zwar relativ selten vor, aber es kommt vor.

Deshalb ist es wichtig, möglichst viele Fakten, die zur Ermittlung einer Note herangezogen werden, zu dokumentieren. Sie sollten, wenn Zensuren von Eltern hinterfragt werden, möglichst genaue Auskünfte über die Kriterien, die Sie zur Zensurenfindung herangezogen haben, geben können. Das beinhaltet unter anderem auch die Angabe von Daten, Uhrzeiten bei Leistungsüberprüfungen und bei Versäumnissen. Damit sind auch und vor allem mündliche Leistungen gemeint. Auch diese sollten auf messbaren Abfragen, auf Referaten sowie mündlicher Beteiligung beruhen. Dazu ist es sinnvoll, dass Sie sich in regelmäßigen Abständen Notizen machen. Natürlich werden Verspätungen und Fehlzeiten auch im Klassenbuch vermerkt. Wenn Sie allerdings alle für die Zensuren relevanten Daten komprimiert in Ihrem ADA-Ablagesystem haben, können Sie jederzeit schnell darauf zugreifen.

TIPP
Führen Sie auch Leistungsüberprüfungen in mündlicher Form durch, die Sie zur Dokumentation der mündlichen Note heranziehen.

Es ist immer gut, wenn Sie im Zweifelsfall gegenüber Eltern genau benennen können, wann und was nicht gemacht oder abgegeben wurde. Denken Sie bei solchen Situationen daran, dass die Eltern ihre Informationen aus zweiter Hand haben. Ihre Kinder erzählen ihnen manchmal nur die halbe Wahrheit oder übertreiben. Es gibt dann keine Diskussionen mehr hinsichtlich der Fakten, weil sie notiert wurden.

Aktualisieren

Bei diesem letzten Schritt des ADA-Systems nehmen Sie den ausgedruckten geplanten Unterrichtsverlauf, auf dem Sie Ihre handschriftlichen Notizen vermerkt haben, und pflegen die Optimierungsmöglichkeiten ein. Wenn es keine gibt, brauchen Sie nichts zu tun. Es kostet vielleicht ein wenig Überwindung diesen letzten Arbeitsgang durchzuführen, aber er ist entscheidend für die Weiterentwicklung der Unterrichtsplanung und des Unterrichts. Sie führen eine Selbstreflexion durch. Das ist Qualitätsentwicklung des Unterrichts in minimaler, aber effektiver Form. Allerdings nicht so, wie Sie sie aus dem Referendariat kennen. Diese Arbeit kostet Sie nur wenige Minuten pro Klasse, die gut investiert sind.

Ordnen Sie die Dateien nach Datum, Klassenstufe und Fach! Wenn Sie den Arbeitsaufwand noch stärker verringern wollen, können Sie Ihren Zettel mit dem Unterrichtsverlauf und den handschriftlichen Notizen einscannen. Wichtig ist, dass Sie die Dateien systematisch nach einem wiederkehrenden Prinzip anlegen, sodass sie jederzeit wiederauffindbar sind. Sie nehmen dann die grobe Verlaufsplanung mit den Notizen der letzten Stunde und die aktuelle Verlaufsplanung mit in den Unterricht. Die erstgenannte Verlaufsplanung können Sie am Ende der Stunde entsorgen, weil

Sie diese bereits eingescannt und gespeichert haben. Sie legen sich also im Laufe der Zeit einen Datenspeicher mit Unterrichtsverläufen und handschriftlichen Notizen an, die Sie zusammen mit dem Unterrichtsverlauf eingescannt haben. Auf diesen Fundus können Sie jederzeit zurückgreifen, wenn Sie eine Unterrichtsvorbereitung brauchen, die Sie schon einmal geplant haben.

2.2.2 Den eigenen Arbeitsplatz einrichten

Den eigenen Arbeitsplatz einzurichten, ist keine einfache Aufgabe. Die meisten Arbeitsplätze „wachsen" auf natürliche Weise im Laufe der Zeit. Papierberge wachsen unaufhaltsam, Bücher und pädagogische Zeitschriften quellen aus den Regalen, technische Geräte sind zahlreich, aber ungeordnet, vorhanden. Die Übersicht geht vielerlei Orts mit zunehmender Dauer verloren, weil eine Struktur fehlt. Irgendwann kommt dann der Zeitpunkt, an dem man mehr oder weniger unbewusst gar nicht mehr dort arbeiten mag. Irgendwie plagt einen das Unbehagen, wenn man sich an seinen häuslichen Arbeitsplatz setzen will. Das ist normal, wenn das Chaos erstmal Einzug hält. In ganz extremen Fällen bekommt man das Bedürfnis, die Tür zum Arbeitszimmer zu schließen und für immer zuzunageln.

Der Fehler liegt ganz einfach darin, dass viele häusliche Arbeitsplätze gar nicht systematisch geplant werden. Dabei sind Lehrer doch eigentlich Profis im Planen und Strukturieren. Ein Lehrer denkt eigentlich meistens im Voraus und dabei in Strukturen und Systemen, weil Lehrer ihren Schülern ja Strukturen vermitteln wollen. Das geht schlecht, wenn sie selber nicht strukturiert arbeiten.

In Ihrem Beruf planen Sie Unterricht, Schulfeste, Sportveranstaltungen, Klassenfahrten, Elternabende. Etwa alle vier bis fünf Jahre werden je nach politischer Couleur tiefgreifende fundamentale Schulstrukturreformen veranlasst, die von Lehrern geplant und umgesetzt werden müssen. Das sind ganz andere Herausforderungen und sie werden jedes Mal – wenn auch mit unterschiedlicher Qualität, aber mit gemeinsamer Anstrengung – bewältigt.

Es sollte also für einen Lehrer fast selbstverständlich sein, den eigenen Arbeitsplatz zu planen. Eine sinnvolle Struktur, am Arbeitsplatz und beim Lernen gibt nicht nur Schülern Halt.

Der Raum und die Möblierung sollten übersichtlich und klar strukturiert sein. Im günstigsten Fall gibt es Tageslicht, das im 90-Grad-Winkel zur Blickrichtung einfällt, sodass es keine Schatten auf den Arbeitsplatz wirft. Auch die künstliche Beleuchtung für die Abend- und Nachtstunden hängt am besten über dem Schreibtisch, weil so kein Schatten im Blickfeld entsteht. Auf dem Stuhl müssen Sie möglicherweise sehr viele Arbeitsstunden verbringen, also suchen Sie sich einen aus, der Ihren ergonomischen Anforderungen entspricht. Er muss bequem sein. Das heißt nicht, dass Sie darin fast liegen, sondern dass er eine Sitzhaltung erlaubt, die beschwerdefreies stundenlanges Arbeiten im Büro möglich macht.

Welche gesundheitlichen Aspekte der sitzenden schulischen Arbeit gibt es zu beachten?

Es gibt auch Lehrer, die auf Gymnastikbällen sitzen und an Stehpulten arbeiten. Die Orthopäden werden das höchstwahrscheinlich begrüßen, weil die Rückenmuskulatur in Bewegung gehalten wird. Ihr Arbeitgeber wird nicht minder erfreut sein. Der ganze Rücken wird dadurch weniger anfällig für Beschwerden jeglicher Art, die durch Bewegungsarmut am Arbeitsplatz begünstigt werden. Allerdings können solche Gymnastikbälle und Stehpulte höchstens eine Ergänzung zu den Schreibtischstühlen sein. Es ist unrealistisch, das gesamte häusliche Arbeitspensum so zu erledigen. Niemand wird das dauerhaft durchhalten, weil es über so lange Zeiträume zu anstrengend und zu unbequem ist.

Es gibt keine gesicherten Studien über die Arbeitszeit, die ein Lehrer durchschnittlich zuhause ableistet. Wir haben zumindest im Internet keine gefunden, die bundesweit Gültigkeit haben. Gehen Sie aber davon aus, dass Sie als Berufsanfänger mit einer ganzen Stelle wahrscheinlich im Durchschnitt zwei Stunden pro Tag an Ihrem Schreibtisch zubringen werden. Natürlich gibt es Unterschiede in Bezug auf den Arbeitsaufwand, der betrieben werden muss, im Hinblick auf Schulform und Fächerkombination.

Kollegen, die nur Sport unterrichten, kommen natürlich ohne Schreibtisch aus. Aber das ist wahrscheinlich landesweit eher selten und darüber hinaus aufgrund der Eintönigkeit und Lärmbelastung nicht erstrebenswert. Lehrer, die sprachliche Fächer unterrichten, werden wahrscheinlich weit über dem Durchschnitt liegen. Natürlich lässt sich auch ein Teil der Arbeit in die Schule verlegen, was wir Ihnen auch empfehlen. Zuhause sollte man sich in der Regel mit anderen Dingen und nicht mit schulischer Arbeit beschäftigen müssen.

Welche Bedeutung hat der häusliche Arbeitsplatz?

Wenn wir durchschnittlich zehn Stunden pro Woche im häuslichen Büro einplanen, sind das 40 Stunden im Monat und ca. 500 Stunden im Schuljahr, wenn man durchschnittlich 50 Schulwochen pro Schuljahr zugrunde legt. Sie sollten in Anbetracht des umfangreichen häuslichen Arbeitspensums einige Gedanken auf die Gestaltung des Arbeitsplatzes verwenden.

Sorgen Sie für genügend Ablagemöglichkeiten. Auch wenn wir hier zunehmend an einem digitalen Lehrerbüro arbeiten, so bleiben Ihnen – vorerst auf jeden Fall – Klassenarbeiten und Mappen in Papierform erhalten. Der Idealfall, nämlich ein Schreibtisch mit einem

Notebook und einer Lampe, ist wahrscheinlich eher selten realistisch, denn es gibt noch immer zahlreiche Klassenarbeiten und Mappen in Papierform. Rollbare Container, die unter den Schreibtisch geschoben werden, sind da sehr praktisch. Sie sollten verschließbar sein, sodass Ihnen nicht ständig die Blätter entgegenfallen.

Gegen ein paar Ablagekörbe oder Fächer auf dem Schreibtisch ist auch nichts einzuwenden. Sie müssen aber übersichtlich angeordnet und beschriftet sein. Überlegen Sie sich, nach welchem System Sie Ihre Unterlagen ablegen wollen. Eine sinnvolle Möglichkeit ist es, die Unterlagen nach Fächern zu sortieren, vielleicht sogar nach Fächern und Daten. Eine weitere Möglichkeit ist es, alle Materialien unabhängig von dem Fach oder der Klasse einfach nach dem Datum abzulegen. Dazu bietet sich ein System mit zwölf Ablagekörben an, also für jeden Monat einen. Es gibt auch Kollegen, die einfach alles, was ihnen in die Hände fällt, durchnummerieren. Alle Materialien bekommen eine Zahl von eins bis unendlich. Dieses System ist allerdings etwas aufwendiger als die anderen, denn es benötigt ein Inhaltsverzeichnis. Irgendwo müssen Sie natürlich aufschreiben, was unter den einzelnen Zahlen zu finden ist. Das bedeutet auch einen Arbeitsschritt mehr, weil natürlich parallel zur Ablage mit jedem neuen Arbeitsblatt und jedem neuen Brief auch das Inhaltsverzeichnis erweitert werden muss.

i

ERFAHRUNGSBERICHT VON MARC BISCHOFF

DER SCHIEFE TURM VON PISA

Es gibt ein etwas eigenwilliges Ablagesystem, das sich dem oberflächlichen Betrachter nicht sofort als „System" erschließt. Ich habe dieses System, das ich auch nicht sofort als solches erkannte, mal bei einem Kollegen gesehen. Der Kollege verschwand hinter einem großen Stapel von Papieren. Der Stapel war so hoch, dass er sich, ähnlich dem Schiefen Turm von Pisa, ein bisschen neigte, sodass ich den Eindruck bekam, der Stapel würde bald umkippen. Das tat er aber nicht. Auf Nachfrage erklärte der Kollege mir, dass das sein Ablagesystem sei. Nichts ginge verloren und es gäbe eine chronologische Reihenfolge. Es ist eine sehr schlichte, aber plausible Struktur. Ich glaube, der Kollege kam damit ganz gut zurecht. Wir würden Ihnen nicht unbedingt zu diesem eigenwilligen Ablagesystem raten. Es ist vermutlich aus einer gewissen Bequemlichkeit heraus entstanden, denn der Kollege hat sich den Aufwand gespart, ein differenziertes Ablagesystem anzulegen. Allerdings steht der Aufwand, den er ein ums andere Mal betreiben muss, wenn ihm ein wichtiges Papier fehlt, in keinem Verhältnis dazu.

Welches Ablagesystem Sie für sich selbst am sinnvollsten erachten, ist natürlich auch Geschmackssache. Vielleicht kennen Sie ein besseres oder entwickeln eines, mit dem Sie persönlich am besten zurechtkommen. Zweifelsfrei steht nur fest, dass Sie ein System brauchen. Es kostet einfach Nerven und Zeit, wenn man wichtige Unterlagen nicht immer griffbereit hat. Sie merken, dass man als Lehrer nicht nur im Unterricht eine klare Struktur braucht, sondern auch in allen anderen Bereichen des Lehrerdaseins. Denken Sie daran, dass Ihnen eine gute Organisation Ihrer Arbeit nicht nur Zeit und Nerven spart, sie gibt Ihnen auch die Sicherheit und die Ruhe, um souverän auftreten zu können.

An den Lehrerarbeitsplatz von heute werden allerdings in technischer und organisatorischer Hinsicht sehr hohe Anforderungen gestellt. Natürlich gehört ein Internetanschluss zur Grundausstattung. Ob Sie sich für ein Notebook oder ein Desktop entscheiden, ist Geschmackssache. Grundsätzlich sind Notebooks mittlerweile so leistungsfähig, dass sie allen Ansprüchen genügen. Die Daten vom Desktop, die gebraucht werden, können leicht auf einem USB-Stick gespeichert und in die Schule mitgenommen werden. Oder es gibt auch die Möglichkeit, die relevanten Daten alle in einer Cloud, zum Beispiel bei Dropbox, zu speichern. Dann haben Sie jederzeit an jedem Ort, sofern es einen Internetzugang gibt, die Zugriffsmöglichkeit auf diese Daten.

TIPP
Vergessen Sie nicht, die Sicherung Ihrer eigenen Daten.

Die Arbeit mit einem Notebook hat Vorteile, denn man kann es jederzeit mitnehmen und hat alle Daten stets zur Verfügung. Man braucht also nicht lange überlegen, was man etwa auf einen USB-Stick überspielen muss.

Das ist übrigens auch bei Fortbildungen ein Vorteil. Sie nehmen das Notebook mit und brauchen nicht mehr zu überlegen, ob Ihnen Datenmaterial für die Fortbildung fehlt.

Es ist übrigens durchaus sinnvoll, eine Datensicherung vorzunehmen. Das lässt sich leicht mit einer externen Festplatte machen, auf die regelmäßig alle Daten des Rechners überspielt werden. Eine Cloud ist auch eine praktikable Form der Datensicherung. Wenn der Rechner tatsächlich mal abstürzt und keine Datensicherung vorgenommen wurde, kann das zu nervenaufreibenden Problemen führen.

Vergessen Sie nicht Ihre E-Mail-Adresse! Richten Sie sich eine dienstliche E-Mail-Adresse ein und benutzen Sie diese wirklich nur für dienstliche Zwecke. Es ist üblich, in der Schule eine E-Mail-Adresse für dienstliche Belange zu hinterlegen.

Mit der Einrichtung der E-Mail-Adresse ist es allerdings nicht getan. Sie sollten regelmäßig in Ihren Posteingang schauen, denn es ist möglich, dass Sie darüber wichtige schulische Informationen über Fortbildungen oder Einladungen zu Konferenzen bekommen. Manchmal werden auch Richtlinien oder Erlasse über E-Mails an die Kollegen geschickt. Da kann es unter anderem darum gehen, wie Zeugnisse erstellt werden, wie Zeugniskonferenzen abgehalten werden, also alles Dinge, die Sie als Lehrkraft unbedingt zu beachten haben.

Die Formalien müssen eingehalten werden, damit die Zeugnisse oder damit zusammenhängende Entscheidungen nicht juristisch anfechtbar sind. Es gibt fürsorgliche Schulleiter, die den Fachkonferenzleitern zum Beispiel ihre Einladungen zu den regionalen Fachkonferenzen ausdrucken und ins Fach legen, weil sie wissen, dass die Kollegen nicht regelmäßig in ihr E-Mail-Postfach schauen. Deswegen entgehen ihnen vielleicht teilweise die E-Mails, die ihnen der Schulleiter dienstbeflissen weitergeleitet hat.

Es kann aber auch sein, dass ihr Schulleiter weder fürsorglich noch tolerant auf dienstliche Versäumnisse reagiert. Es liegt also an Ihnen, ob Sie herausfinden möchten, wie er reagiert. Aus der Sicht eines Schulleiters sind Sie ein respektabler Kollege, wenn Sie möglichst selbstständig arbeiten und keine Unannehmlichkeiten verursachen. Es muss laufen. Zeugniszensuren, die aufgrund von Formfehlern zurückgenommen werden müssen, sind da für Ihr Renommee nicht förderlich. Sie wirken professioneller und gut organisiert, wenn Sie über Ihre E-Mails im Bilde sind und nicht erst nachschauen, wenn Sie darauf angesprochen werden.

Also machen Sie es sich zur Gewohnheit, einmal täglich nach den E-Mails zu schauen und gegebenenfalls dann auch zu lesen. Grundsätzlich gilt, dass Sie entspannter arbeiten können, wenn Sie sich ein wenig vorbereitet haben.

TIPP
Richten Sie sich eine E-Mail-Adresse für dienstliche Zwecke ein.

In jedem Fall brauchen Sie eine seriöse E-Mail-Adresse, eine die nicht zur Belustigung ihrer Leser beitragen soll. So etwas wie *zulo007@timbuktu.de* kommt nicht infrage. Wir sagen das, weil es diese ulkigen E-Mail-Adressen von Lehrern gibt. Wir haben es erlebt. Glauben Sie uns, dass jedem Schulleiter beim Lesen solcher E-Mail-Adressen die Pulsfrequenz sofort erheblich steigt – und das nicht, weil er das so lustig findet –, wenn es sich um dienstliche Angelegenheiten handelt, die von so einer Adresse kommen. Solche E-Mail-Adressen erhöhen den Arbeitsaufwand für die Verwaltung. Normalerweise würde so eine E-Mail schon aufgrund des seltsamen Absenders ungelesen gelöscht werden. Richten Sie sich eine E-Mail-Adresse ein, die Sie ausschließlich für dienstliche Zwecke nutzen. Darin sollte Ihr vollständiger Vor- und Nachname enthalten sein. Das erleichtert dem Sekretariat die Auffindbarkeit und die

Zuordnung im Angesicht der unfassbaren Menge von E-Mails, die dort eingehen.

Checkliste für den häuslichen Arbeitsplatz	erledigt
Einen ruhigen Raum oder eine abtrennbare Ecke eines Zimmers finden.	
Natürliches Tageslicht fällt rechtwinkelig zur Blickrichtung beim Arbeiten ein.	
Bürolampe hängt über dem Schreibtisch und leuchtet die gesamte Arbeitsfläche aus.	
Ergonomisch angepassten, bequemen Bürostuhl besorgen.	
Eventuell ein Stehpult als Ergänzung anschaffen.	
Ablagemöglichkeiten schaffen.	
Regale, Ablagekästen, Karteikästen (siehe ADA-Ablagesystem) aufstellen.	
Rollbaren Schreibtischcontainer besorgen.	
Notebook oder Desktop mit Internetanschluss einrichten.	
Telefonanschluss mit eigener Telefonnummer für dienstliche Angelegenheiten einrichten.	
Dienstliche E-Mail-Adresse einrichten.	

Abb. 3: Checkliste für den häuslichen Arbeitsplatz

2.2.3 Den schulischen Arbeitsplatz einrichten

Zunächst einmal muss die Frage geklärt werden, ob es in der Schule überhaupt Lehrerarbeitsplätze gibt. Wenn es sie nicht gibt, ist das ein Problem, das sich aber bestimmt lösen lässt.

Sie müssen ja nicht gleich an Ihrem ersten Arbeitstag mit der Tür ins Haus fallen, aber mittel- bis langfristig können Sie bestimmt dahingehend Impulse setzen. Suchen Sie sich etablierte Mitstreiter, vielleicht nehmen Sie auch den Personalrat mit ins Boot. Argumente dafür liefern wir Ihnen.

Eigentlich haben mittlerweile alle Schulen Lehrerarbeitsplätze. Deshalb geht es eigentlich eher um die Anzahl und die Qualität. Ein Rechner und ein Stuhl, die im Lehrerzimmer in eine Ecke gequetscht werden, zählen wir nicht zu schulischen Lehrerarbeitsplätzen.

TIPP
Erledigen Sie soviel wie möglich von Ihrer außerunterrichtlichen Arbeit in der Schule.

Lehrerarbeitsplätze sind aus einer Reihe von Gründen geradezu zwingend notwendig. Es geht natürlich auch hier um eine Minimierung der Arbeitsstunden im häuslichen Büro sowie um eine effiziente Planung insgesamt. Das soll die Abende und auch die Wochenenden von zu viel schulischer Arbeit entlasten. Dadurch wird dann auch eine bessere Trennung von Arbeit und Freizeit erreicht. Wer nur physisch zuhause anwesend ist, weil er sowieso die ganze Zeit an all die schulische Arbeiten denkt, die noch zu erledigen sind, oder wer ständig zuhause an seinem Arbeitsplatz sitzt, befindet sich in einer gefährlichen Falle. Es ist vielleicht mit dem berühmten Hamsterrad zu vergleichen, denn der Lehrer wird, obwohl er ja schon zuhause ist, auch nie ans Ziel kommen, weil er zumindest nach seinem eigenen Empfinden nie fertig ist. Wenn er dann endlich zuhause die Lampe an seinem Arbeitsplatz ausschaltet, trennen ihn nur noch wenige Stunden vom nächsten Dienstantritt. So ist es ihm eigentlich nie möglich, ganz abzuschalten, um zum Beispiel wirklich für die Familie da zu sein. Also fehlt ihm permanent echte Entspannung, weil er sich in einer Dauerschleife befindet. Wie soll man sich zuhause ausruhen, wenn man immer einen Berg Arbeit vor sich herschiebt? Ein Lehrer, der so arbeitet, hat sich vielleicht auch zu viel Arbeit mitgenommen, um möglichst früh aus der Schule zu kommen. Außerdem hat ein übertrieben hohes Maß an schulischer Arbeit, die zuhause erledigt wird, natürlich einen erheblichen Einfluss auf das Familienleben und kann sich zuweilen sehr negativ darauf auswirken.

ERFAHRUNGSBERICHT VON MARC BISCHOFF

LEBENSPLANUNG

Stimmen Sie Ihre berufliche Karriere mit Ihrer Familienplanung ab! Es gibt gerade bei den jungen Kollegen und Kolleginnen einige, die alles, was man an fundamentalen Veränderungen im privaten und im beruflichen Leben vornehmen kann, auf einmal machen. Ich kenne viele solcher Beispiele. Meistens führen sie zum Burnout. Eine junge Kollegin zum Beispiel, ich nenne sie im Folgenden einfach Frau Schmidt, hatte gerade ihre erste Stelle an unserer Hauptschule angenommen. Sie wirkte auf mich sehr kompetent, besonders im Englischunterricht war sie absolut überzeugend. Frau Schmidt hatte einige Zeit im Ausland verbracht und sprach Englisch, als wäre es ihre Muttersprache. Eigentlich hätte sie lieber eine Stelle in der Realschule gehabt, aber diese Stellen waren zu diesem Zeitpunkt mehr als rar. Sie bekam die Stelle bei uns und alle Prognosen, dass sie sich auch in dieser Schulform etablieren und Respekt verschaffen würde, bestätigten sich, denn Frau Schmidt hatte Durchsetzungsvermögen. Das ist durchaus nicht selbstverständlich.

Nicht alle Kollegen kommen in dieser speziellen Schulform zurecht. Auf der Ebene der Beziehungsarbeit ist es die unserer Meinung nach anspruchsvollste Schulform, die Lehrer wählen können. Innerhalb eines Jahres hatte sie mit schier unbändiger Energie das geschafft, wofür andere ein Vielfaches an Zeit brauchen. Sie war Lehrerin, Ehefrau, Mutter, Eigenheimbesitzerin und, wenn auch nur vorübergehend, Bauplanerin und Architektin. Alles war dies mehr oder weniger parallel entstanden, denn sie hatte nur das Minimum von acht Wochen Mutterschutz in Anspruch genommen. Ich habe sie übrigens nie an einem Lehrerarbeitsplatz in der Schule gesehen.

Auch zu diesem Zeitpunkt hätte der geneigte Schulleiter immer noch sagen können: „Alles Bestens! Es läuft ja alles. Manche Leute können einfach mehr als andere." Aber dann kam das, was eigentlich zwangsläufig war, sie wurde für lange Zeit krank. Was dann aus der Kollegin wurde, weiß ich nicht. Ich selbst verließ die Schule, weil ich mich auf eine andere Funktionsstelle beworben habe. Die junge Kollegin hatte den Fehler begangen, auf sehr radikale Weise Raubbau an ihren eigenen Ressourcen zu betreiben. Frau Schmidt ist sicher kein Einzelfall.
Das Beispiel zeigt, machen Sie nicht alles auf einmal. Planen Sie die ganz große Ereignisse nacheinander und nicht parallel, vor allem nicht parallel mit Ihrem Berufseinstieg als Lehrer. Denken Sie daran, dass Sie noch am Anfang eines langen Lehrerberufslebens stehen.

Welchen Vorteil haben Lehrerarbeitsplätze in der Schule?

Für die meisten Lehrer sind Springstunden eine Katastrophe. Sie wollen ihre Unterrichtsstunden absolvieren und dann möglichst schnell nach Hause gehen, wo sie spätestens am Abend die schulische Arbeit sowieso wieder einholt. Dabei können unterrichtsfreie Zeiten am Vormittag effektiv genutzt werden. Es gibt immer Unterrichtvorbereitungen oder Korrekturen, die gemacht werden müssen. Alles, was sie in der Schule erledigen, belastet Sie nicht mehr zuhause. Nach einer Umfrage am Hamburger Goethe Gymnasium von 2009 (Saarschmidt & Fischer 2009) wurde dieser Vorteil als ein wesentliches Argument für Lehrerarbeitsplätze gesehen. Die Kollegen hatten sich dort zum größten Teil aus eigener Kraft und mit eigenen Mitteln Lehrerarbeitsplätze eingerichtet, um dann anhand von Befragungen den Nutzen zu formulieren.

Die Befragung nach den Vorteilen ergab des Weiteren, dass die allgemeine Arbeitszufriedenheit gesteigert wurde. Die Lehrerarbeitsplätze wurden als Rückzugsräume gesehen, die mehr Erholung während des Unterrichtstages brächten. Deshalb ist es wichtig, dass diese nicht im Lehrerzimmer eingerichtet werden, sondern in separaten Räumlichkeiten. Außerdem empfanden es die Kollegen als Entlastung, dass sie Arbeitsmaterialien dort lagern konnten. Sie brauchten nicht mehr alle Sachen jeden Tag hin und her zu tragen und hatten Arbeitsmaterialien vor Ort verfügbar.

Es gibt aber auch soziale Aspekte der Lehrerarbeitsplätze, die positiv eingeschätzt werden. So wird von einem besseren Austausch unter den Kollegen berichtet. Dadurch ergeben sich bessere Möglichkeiten der Kooperation. Unterricht kann auch gemeinsam jahrgangsweise vorbereitet werden. Oft können die Kollegen gegenseitig voneinander profitieren. Die Kommunikation unter den

Lehrern ist unter anderem ein wichtiges Instrument der unterrichtlichen Qualitätsentwicklung. Der Austausch über Unterrichtsinhalte, Erfahrungen, Unterrichtsmethoden, aber auch über einzelne Schüler, kann sehr fruchtbar sein. Wenn es zum Beispiel Absprachen der Kollegen, die in einer Klasse unterrichten, über den Umgang mit einzelnen schwierigen Schülern gibt, ist das eine große Hilfe. Das gemeinsame Arbeiten in der Schule in unterrichtsfreien Zeiten ist ein großer Schritt weg vom Einzelkämpfertum hin zum sozialen Miteinander unter den Kollegen. So ergeben sich häufig auch persönliche oder freundschaftliche Kontakte, was durchaus positiv bewertet wurde.

2.3 *Work-Life-Balance*

Allein schon der Begriff *Work-Life-Balance* sorgt für kontroverse Meinungen und Diskussionen, weil er unterschiedlich interpretiert wird. Es gibt zahllose Artikel im Internet und in Fachzeitschriften über dieses Thema. Es wurden sogar einige Bücher eigens zu diesem Thema verfasst. Wer sich damit eingehender beschäftigen möchte, kann schnell fündig werden.

Die Kritiker des Begriffes sehen darin einen künstlich erzeugten Widerspruch zwischen Arbeit und Leben. Sie meinen, dass die Arbeit zum Leben gehöre und als Teil davon gesehen werden solle.

Was bedeutet Work-Life-Balance?

Wir sind hingegen der Meinung, dass hier ein fundamentaler Irrtum in der Interpretation des Begriffes vorliegt. Es handelt sich also eher um ein semantisches Problem, das auch aus der Übersetzung resultiert. Bei wörtlicher Übersetzung heißt es wirklich *Arbeits-Lebens-Gleichgewicht* und darunter könnte man sich eine Waage vorstellen, mit der Arbeit in der einen Waagschale und dem Leben in der anderen Waagschale. Dieses Bild, das einem bei wörtlicher Übersetzung des Begriffes leicht in den Sinn kommt, impliziert die Ansicht, dass Arbeit kein Leben ist und im Umkehrschluss das Leben frei von Arbeit ist. Deswegen muss man die Waagschale mit der Arbeit möglichst klein bzw. leicht halten, damit man genug Leben hat, das man ja sonst verpasst. Das kann nicht der Sinn dieses Begriffes sein. Wir meinen, dass die wörtliche Übersetzung nicht richtig ist. Es verbirgt sich mehr hinter diesem Begriff, der für viele Menschen schon eine Lebenseinstellung geworden ist.

Wir würden den Begriff *Work* schon als Arbeit interpretieren, ihn aber gern etwas genauer definieren. Es ist Arbeit im Sinne von Berufstätigkeit und damit verbunden von Erwerbstätigkeit. Der Begriff *Life*, also Leben, ist nach unserer Ansicht eher als Privat- oder Familienleben oder auch soziales Leben zu sehen. Damit bekommt der Begriff einen Sinn, der nicht unbedingt einen Widerspruch beinhaltet, weil das Wort *Balance* nicht mehr mit Gleichgewicht zu übersetzen ist, sondern eher mit Vereinbarkeit.

In welchen Zusammenhängen steht der Begriff?

Wenn Sie sich einmal der Mühe unterziehen, die verschiedenen Artikel zu studieren, werden Sie feststellen, dass *Work-Life-Balance* überwiegend auf eine betriebliche Tätigkeit in größeren Firmen bezogen wird. In modernen Betrieben bedeutet *Work-Life-Balance*, dass es Einrichtungen wie betriebseigene Kitas, Telearbeitsplätze und sogenannte *Power Nap Areas* gibt. Es gibt flexible Arbeitszeiten, Kinderbetreuungsangebote, Sport- und Gesundheitsangebote sowie Teamevents. In vielen Betrieben wird in diesem Zusammenhang auch für eine medizinische Versorgung im Betrieb gesorgt.

Bezogen auf den Arbeitsplatz Schule heißt das, dass wir von derlei Vorzügen nicht profitieren können. Umso wichtiger ist es, dass Sie sich Gedanken machen, wie Sie Ihre persönliche *Work-Life-Balance* finden. Außer Ihnen selbst macht das nämlich keiner in der Schule für Sie. Es geht um die Vereinbarkeit von folgenden Bereichen des Lebens:

- Beruf/Finanzen,
- Familie/Bekannte,
- Gesundheit/Fitness,
- Kultur.

Wie gestaltet sich der Übergang vom Vorbereitungsdienst in den Beruf?

Wenn man das Ganze zusammenfassen möchte, geht es um die Vereinbarkeit von beruflichem und privatem Leben. Die Herausforderung besteht darin, Ansprüche aus Beruf sowie aus familiären und sozialen Anforderungen miteinander zu verbinden. Lehrer, die gerade aus dem Vorbereitungsdienst kommen, neigen häufig dazu, soziale und familiäre Ansprüche erstmal ganz weit hinten auf die Prioritätenliste zu setzen. Es ist auch nicht verwunderlich, dass das so ist, denn es gilt, sich in der neuen Schule zurechtzufinden, sich an das höhere Stundendeputat zu gewöhnen, sich im Kollegium zu etablieren und alle neuen Aufgaben, wie zum Beispiel die Übernahme einer Klassenführung, zu bewältigen. Der Wechsel vom Vorbereitungsdienst in das Berufsleben bedeutet eine radikale Umstellung für Sie, weil Sie jetzt nur noch eigenverantwortlich unterrichten und die gesamte Bandbreite der schulischen Aufgaben erledigen müssen. Unter anderem werden Ihnen vielleicht auch Ämter wie zum Beispiel ein Fachbereichsleitung angetragen.

Für einen begrenzten Zeitraum darf Ihre neue Arbeit oberste Priorität haben und wahrscheinlich geht es auch nicht anders. Es sollte aber kein Dauerzustand werden. Es gibt natürlich Lehrer, die ihr ganzes Berufsleben lang so arbeiten, aber das ist nicht unbedingt nachahmenswert. Natürlich sollen Sie Ihre Arbeit gut machen und sich in der Schule für Ihre Schüler einsetzen, aber sie können nicht in allen Lebensbereichen gleichermaßen glänzen. Irgendjemand wird zu kurz kommen.

Es gibt dann bestimmte Lebensbereiche, die vernachlässigt werden und das macht nicht nur die Familie und die Freunde unzufrieden, sondern auch Sie. Ihr psychisches Befinden wirkt zurück auf Ihr alltägliches Verhalten in allen Lebensbereichen. Der Erwartungsdruck aus diesen wichtigen Lebensbereichen steigt im Laufe der Zeit und es stellt sich eine beiderseitige Unzufriedenheit ein. Deshalb ist es nicht gut, wenn Sie die Ansprüche von Familie und Freunden zu lange vernachlässigen. Planen sie Ihre verschiedenen Arbeitsphasen und sorgen Sie für Freizeit mit der Familie und mit den Freunden. Welche Arbeiten erledigen Sie in der Schule und welche zuhause? Gibt es ein ausgewogenes Verhältnis von schulischer Arbeit, die in der Schule erledigt wird, und schulischer Arbeit, die zuhause erledigt wird? Ihr Ziel sollte es sein, die Herausforderungen aller Lebensbereiche zu bewältigen, ohne, dass jemand der Ihnen nahestehenden Personen dabei keine Berücksichtigung findet.

Ihre Gesundheit und Ihr gutes persönliches Befinden sind die Grundvoraussetzungen, um in der Schule bestehen zu können. Deshalb ist es sehr wichtig, mit den eigenen Ressourcen sinnvoll umzugehen und sie sich einzuteilen. Managen Sie Ihren eigenen Ressourcen, denn Sie sind nicht endlos! Reflektieren Sie Ihren Tagesablauf. Teilen Sie sich den Tag ein, setzen Sie Schwerpunkte und machen Sie Abstriche. Schreiben Sie sich auf, wann Sie was machen wollen und planen Sie Ruhepausen ein. Finden Sie eine Tagesstruktur, die zu Ihnen und Ihren Lebensumständen passt, aber gehen Sie planvoll vor.

TIPP
Elterngespräche sollten terminiert und vorbereitet werden.

Lernen Sie auch als Berufsanfänger, „Nein" zu sagen, und erklären sie der Mutter, die unangemeldet zu Ihnen in die Schule kommt, in freundlichem Ton, dass Sie gern mit ihr einen Termin vereinbaren, um ihr Anliegen zu besprechen.

Häufig nutzen Kollegen die Gelegenheit, wenn jemand neu ins Kollegium kommt, um alte unliebsame Ämter loszuwerden. Da kann dann etwa von einem älteren Kollegen zum Beispiel der Hinweis kommen: „Ich kann die Fachkonferenzleitung Sport nicht mehr machen, ich bin zu alt. Das kannst du als junger sportlicher Kollege viel besser."

Das ist natürlich nicht richtig, weil das ein Amt ist, dass man durchaus auch noch mit 65 Jahren bekleiden kann. Der Kollege hat aber keine Lust mehr. Das ist der wahre Grund, und den möchte er nicht so direkt aussprechen.

TIPPS
die zur Erhaltung der eigenen Gesundheit beitragen

Sie müssen nicht alles machen, was man Ihnen anträgt, auch nicht, wenn Sie neu in der Schule sind. Es gibt auch Schulleitungen, die den neuen Kollegen direkt eine Klassenführung übertragen, was grundsätzlich normal ist. Wenn Sie aber ausgerechnet die Klasse bekommen, die keiner haben wollte, an der Ihr Vorgänger, der jetzt nach langer Krankheitsphase die berufliche Wiedereingliederung macht, mit Pauken und Trompeten gescheitert ist, sollten Sie sich wehren. Die anderen Kollegen wehren sich in der Regel dagegen und so geht die Schulleitung manchmal den Weg des geringsten Widerstandes. Sie weiß, dass Sie sich wahrscheinlich nicht wehren und vermeidet Konflikte mit anderen Kollegen. Für Sie ist es eine Frage Ihrer Reputation. Sie müssen sich etablieren, und dazu gehört, dass Sie auch mit größeren Herausforderungen zurechtkommen. Sie wissen natürlich nicht, welche Klassen eine angenehme soziale Struktur haben und welche eher schwierig sind. Deshalb gehen sie unvoreingenommen an die Arbeit. Das ist richtig, weil Sie sich Ihre eigene Meinung bilden sollen.

Aber wenn Sie merken, dass man Ihnen ausgerechnet die schwierigste Klasse der Schule zugewiesen hat, dann sollten Sie das Problem bei der Schulleitung ansprechen. Es ist wichtig, dass Sie einen guten Start in Ihrem neuen Beruf haben, damit Sie weiterhin Spaß daran haben. Das könnte misslingen, wenn Sie direkt zu Beginn vor zu große Aufgaben gestellt werden. Ihre *Work-Life-Balance* könnte nachhaltig ungünstig beeinflusst werden, weil Sie zu sehr von einer Lerngruppe in Anspruch genommen werden. Zu viel Schülergespräche, zu viele Elterngespräche, zu viele Disziplinprobleme überfordern Sie in einer Zeit, in der Sie sich erstmal in einer neuen Schule orientieren müssen.

Ein guter Schulleiter weiß das auch. Es kommt aber immer wieder vor, dass dieser sehr kurzfristig gedachte Weg des geringsten Widerstandes genommen wird und so jungen Kollegen schon früh der Spaß an der Arbeit genommen wird.

Ähnliches gibt es auch manchmal bei der Fächerverteilung. Ihre Fächer sind Deutsch und Sport und in Ihrem Stundenplan stehen fünf Deutschkurse und zwei Sportkurse. Zwei altgediente Deutschlehrer hatten zuvor bei der Schulleitung reklamiert, dass sie wegen der vielen Korrekturen höchstens zwei Deutschkurse nehmen möchten. Da fiel dem Schulleiter ein, dass der neue Deutschlehrer kommt. Der wird sich nicht beklagen, da er nicht direkt zu Beginn seiner Laufbahn negativ auffallen will. Wenn Sie diesen Stundenplan akzeptieren, werden Sie vor lauter Korrekturen die Nächte durcharbeiten müssen. Suchen Sie in so einem Fall das Gespräch mit der Schulleitung und wenn es sein muss mit dem Personalrat.

Es gibt wohl keinen Erlass gegen diese Stundenverteilung, aber es muss so etwas wie schulinterne Gleichbehandlung geben und wenn es die nicht gibt, fordern Sie sie ein. Holen Sie sich Hilfe, wenn es Probleme gibt und schlucken Sie nicht alles. Es geht darum, sich am Anfang Ihres vermutlich langen Berufslebens vor einer frühzeitigen Überlastung zu schützen.

Die Arbeitsbelastungen sind je nach Schulform, in der Sie arbeiten, von unterschiedlicher Qualität. Sie sind aber in den letzten Jahren, nicht zuletzt durch tiefgreifende Schulstrukturreformen, insgesamt in allen Schulformen höher geworden.

Zum Beispiel hat die BKK (Betriebskrankenkasse) im Bereich der beruflichen Bildung eine allgemeine Studie durchgeführt und einen extremen Anstieg der Krankheitstage ermittelt. Diese hat ergeben, dass sich die Zahl der Krankheitstage bei Berufsschullehrern, im Zeitraum zwischen 2011 und 2014, verzwanzigfacht hat. Dies legt unter anderem zumindest die Vermutung nahe, dass die Kollegen in der Berufsschule einer ausgesprochen hohen Arbeitsbelastung unterliegen. Als Grund wurde auch eine emotionale Erschöpfung bei vielen Lehrkräften angegeben. Lehrer stehen auf der Liste der Berufe, in denen emotionale Erschöpfung oder Burnout häufig vorkommen, ganz weit vorn. Hausmeister, Friseure, Steuerberater und Tischler stehen übrigens ganz weit unten auf der Liste. Deshalb ist es wichtig, dass Sie von Beginn an gut organisiert sind.

Mit zunehmender Organisationsfähigkeit im Beruf gelingt die Einteilung der Arbeit besser. Das bedeutet, dass Sie eine Struktur brauchen, die sowohl die verschiedenen Arbeitsphasen als auch Erholungsphasen und Freizeitaktivitäten beinhaltet. Schreiben Sie sich Ihre Planung in kurzen Stichwörtern auf. Tragen Sie auch Freizeitaktivitäten und Erholungsphasen in Ihren Plan ein. Oftmals werden ja unangenehme Arbeiten wie Korrekturen auf die lange Bank geschoben und dann in einer Nachtschicht erledigt. Planen Sie auch diese Korrekturen für die Nachmittagsstunden ein. Entlasten Sie die Abendstunden und das Wochenende so gut es geht von schulischer Arbeit, damit Sie Zeit für Ihre Freunde und Ihre Familie finden. Setzen Sie Zeitlimits für Arbeitsphasen, richten Sie Sprechzeiten für Elterngespräche ein und organisieren Sie Auszeiten.

So, wie das folgende Beispiel in Abbildung 4, könnte ein persönlicher Arbeitsplan für eine Woche aussehen. Dieser passt natürlich auch in den Unterrichtsplaner, den Sie sich kaufen sollten. Wichtig sind die Freizeittermine und die Termine für Klassenarbeiten. Außerdem sollten Sie dabei immer mit einplanen, ob Sie zuhause oder in der Schule arbeiten.

Montag	Dienstag	Mittwoch	Donnerstag	Freitag	Samstag	Sonntag
Deu 8b	Deu 5a		Sp5b	Bio 7c		
Deu 8b	Deu 5a	Unterrichts-vorbereitung Schule	Sp 5b	Bio 7c	10.00–13:00 Uhr Aufsätze korrigieren	Frei für die Familie
Sp 10a	Bio 8b	Deu 8b Aufsatz	Deu 5a Diktat	Sp 6a		
Sp 10a	Bio 8b	Deu 8b Aufsatz	Sp 5c	Sp 6a		
Unterrichts-vorbereitung, Kopieren	Sp 9c	Bio 8b	Sp 5c	Unterrichts-vorbereitung Schule Kopieren	16:00 Uhr Fitness	
Teamsitzung	Sp 9c	Deu 5a	Bio 7c	Korrekturen Diktat		
Mittagspause Zuhause	Mittagspause	Mittagspause Schule	Mittagspause Zuhause	Mittagspause		
	AG Fußball	Aufsätze korrigieren	16:00 Uhr Mit Finn zum Fußball	Freizeit		
18:00 Uhr Tennis	17:00 Uhr Geburtstags-feier Luca	Aufsätze korrigieren	Freizeit			
		19:00 Karten spielen			21:00 Uhr Geburtstagsfeier Stefan	

Abb. 4: Arbeitsplan für eine Woche

Es gibt genug Beispiele von Lehrern, die schon nach kurzer Zeit in dem neuen Beruf einen sogenannten „Burnout" erleiden. Das sind meistens diejenigen, die eigentlich immer arbeiten, die abends mit den Eltern telefonieren und nachts noch Klassenarbeiten korrigieren, die jedes Amt übernehmen, die nie „Nein" sagen und wenn alles zu viel wird, reden sie nicht darüber. Das führt zwangsläufig zu gesundheitlichen Problemen.

2.3.1 Arbeitszeiten festlegen

Sie befinden sich in der bereits erwähnten Endlosschleife. Der Unterricht, den Sie erteilen, ist in feste Zeiteinheiten, meistens 45 Minuten, eingeteilt. Sie wissen also, wie viel Zeit Sie für das Unterrichten selbst einplanen müssen. Was an Vor- und Nachbereitungen passiert, ist häufig scheinbar endlos.

TIPP
Planen Sie Ihre verschiedenen Arbeitsphasen und legen Sie Zeiträume dafür fest.

Da ist das Elterngespräch mit Frau Schmidt, die sich Sorgen macht, dass Tobias aus Ihrer Klasse vielleicht nicht versetzt wird. Sie hatte sich nicht angemeldet. Eigentlich wollten Sie jetzt in der Schule Unterricht vorbereiten, aber Frau Schmidt hat sie geschickt abgefangen, als Sie das Lehrerzimmer verlassen haben, um zur Toilette zu gehen und Sie können schlecht „Nein" sagen. Sie nehmen sich Zeit für sie, weil sie sich natürlich als junger Lehrer, der gerade anfängt, nicht bei den Eltern unbeliebt machen wollen. Frau Schmidt ist sehr redselig, sie hat noch weitere Sorgen wegen der beruflichen Perspektive ihres Sohnes und so zieht sich das Gespräch über eine Stunde. Es ist also bereits eine Stunde vergangen, Sie haben ein anstrengendes Gespräch hinter sich und waren immer noch nicht auf der Toilette.

Wie strukturiert man den Arbeitstag?

Eigentlich wollten Sie jetzt schon zuhause sein, um mit Ihrem Sohn zum Fußballtraining zu gehen. Sie entscheiden sich dafür, die Unterrichtsvorbereitung zu verschieben und kümmern sich um Ihren Sohn. Nach dem Fußballtraining gibt es Abendbrot und irgendwann, nachdem der Tisch abgeräumt ist, sitzen Sie dann an Ihrem häuslichen Schreibtisch. Die Kinder liegen alle im Bett und es ist bereits 20:30 Uhr. Da liegt aber noch der Stapel mit den Mathearbeiten, die noch korrigiert werden müssen und Unterricht haben Sie auch noch nicht vorbereitet. Die Mathearbeiten hatten Sie bis jetzt erfolgreich verdrängt, aber jetzt liegen sie wieder vor Ihnen und schauen Sie förmlich an. Die Mathearbeiten müssen korrigiert werden, weil sie schon 14 Tage auf Ihrem Schreibtisch liegen. Da es einen Fachkonferenzbeschluss gibt, der besagt, dass Mathearbeiten innerhalb von 14 Tagen zurückgegeben werden müssen, fangen Sie an, diese zu korrigieren. Schließlich möchten Sie keinen Ärger riskieren, weder mit den Eltern noch mit der Schulleitung. Sie arbeiten fleißig und sind um 23:00 Uhr mit der Korrektur der Mathearbeiten fertig. Sie fühlen sich jetzt ausgelaugt und sind müde, aber es fehlt Ihnen immer noch die Unterrichtsvorbereitung für den nächsten Tag.

Das ist ein Problem. Sie sind neu in Ihrem Beruf und können noch nicht auf einen Fundus von Unterrichtsvorbereitungen zurückgreifen. Sie können aber genauso wenig sechs Unterrichtsstunden aus dem Stand improvisieren. Also entscheiden Sie sich dafür, noch ein paar Arbeitsblätter herauszusuchen, die Sie morgen früh noch schnell vor dem Unterricht kopieren.

Wie sollte man es nicht machen? – ein Szenario

Sie fallen völlig übermüdet gegen 24:00 Uhr ins Bett. Der Wecker klingelt um 06:30 Uhr. Nachdem Sie sich fertig gemacht haben, decken Sie noch schnell für die Familie den Frühstückstisch. Die Zeit wird knapp und Sie essen während der Autofahrt zur Schule ein Brot. In der Schule angekommen, so gegen 07:40 Uhr, holen Sie sich schnell noch einen Kaffee, bevor Sie mit einem Bündel loser Zettel im Laufschritt den Kopierer erreichen. Da ist er wieder der berühmte Stau am Kopierer. Die anderen zehn Kollegen in der Schlange haben wahrscheinlich ein ähnliches Ressourcenmanagement wie Sie. Sie erscheinen natürlich zu spät im Unterricht, sind gestresst und übermüdet. Der Unterricht läuft aufgrund der mangelhaften Vorbereitung eher mäßig, und der Tag zieht sich zäh wie ein Kaugummi. All das ist unglaublich anstrengend, weil Sie immer nur hinterherlaufen, anstatt den Tag zu planen. Sie müssen zu oft reagieren, anstatt zu agieren.

Es lässt sich festhalten, dass es eigentlich zwei Situationen waren, die ihren Tagesplan so durcheinander gebracht haben, dass Sie jetzt ziemlich müde und unter Zeitdruck – genervt von ihren Kollegen, die genauso arbeiten wie Sie und jetzt den Kopierer blockieren – mit einem Bündel Zettel in der Kopierschlange stehen und dabei noch schnell Ihren Kaffee runterspülen.

Zum einen war es das unangemeldete, sehr lange Elterngespräch, das Sie von Ihrer Unterrichtsvorbereitung abgehalten hat, und zum anderen die Mathearbeit, die Sie vergessen bzw. verdrängt hatten, was dann die Nachtschicht nach sich zog.

Diese Situation hätten Sie leicht vermeiden können, indem Sie Frau Schmidt höflich aber bestimmt zu verstehen gegeben hätten, dass Sie keine Zeit haben. Das hätte ja auch der Wahrheit entsprochen. In solchen Fällen ist es gut, wenn Sie auf Ihre Sprechstunde verweisen können, sofern Sie eine eingerichtet haben. Das wirkt nicht nur professionell, sondern ist es auch. Es entlastet Sie. Die Mathearbeit hätte natürlich zu einem früheren Zeitpunkt korrigiert werden müssen, damit Sie nicht so unter Zeitdruck geraten, denn das bedeutet Stress.

2.3.2 Sprechzeiten festlegen

Jede Schule organisiert die Sprechzeiten der Lehrer anders. Es gibt Schulen, die das den Lehrern überlassen. Das bedeutet für die Lehrer, dass sie sich selber überlegen müssen, ob und in welcher Form sie Sprechzeiten anbieten. Sie führen Elterngespräche nicht irgendwann, wenn die Eltern unangemeldet auftauchen oder Sie um 21:00 Uhr noch anrufen. Sie müssten dann andere Arbeiten oder auch geplante Ruhephasen unterbrechen und das kann wiederum dazu führen, dass Sie eine „Nachtschicht" einlegen müssen. Das kann die bereits erwähnten nachteiligen Situationen zur Folge haben, die Sie durch die Einhaltung des strukturierten Arbeitsplans vermeiden. Es ist ein weiterer Schritt in ein planvolles Arbeitsleben. Indem Sie den Eltern mitteilen, wann Sie zu sprechen sind, machen Sie Vorgaben, nach denen sich die Eltern richten müssen. Sie laufen nicht hinterher, sondern Sie haben das Spiel vor sich und können es lenken und leiten. Es ist außerdem ratsam, den Plan mit den Sprechzeiten an einem geeigneten Ort in der Schule auszuhängen, der für alle Eltern zugänglich ist. Die Eltern melden sich dann zur Sprechstunde an. Sie können die Eltern auch bitten, sich per E-Mail anzumelden und dabei das Anliegen zu nennen. So wissen Sie, wer wann in der Sprechstunde erscheint und können sich ggf. auf das Gespräch vorbereiten. Sie können dann auch bei schwierigen Gesprächen einen Kollegen hinzubitten, um sich gegen nachträglich erhobene falsche Behauptungen abzusichern. Es kommt leider vor, dass Ihre Aussagen im Falle einer Auseinandersetzung verfälscht oder zusammenhanglos dargestellt werden, sodass der Wahrheitsgehalt leidet. Fertigen Sie bei Gesprächen, die sich um Noten und Versetzungen drehen oder wenn es um Beschwerden geht, ein kurzes Gesprächsprotokoll an und heften Sie es dem betreffenden Schüler in die Akte. So können Sie im Falle einer juristischen Auseinandersetzung belegen, dass Sie zum Beispiel über eine mögliche Nichtversetzung informiert haben.

TIPP
Weisen Sie bei jeder sich bietenden Gelegenheit auf Ihre Sprechzeiten hin.

Viele Schulen richten ganz selbstverständlich Sprechzeiten für alle Kollegen ein, erstellen einen Plan und veröffentlichen ihn auf der Homepage. Wenn das in Ihrer Schule nicht der Fall ist, richten Sie trotzdem für sich selber mindestens eine Sprechstunde pro Woche am Vormittag oder auch am Nachmittag ein. Sie können natürlich auch im Rahmen einer Dienstbesprechung fra-

TIPP
Sprechzeiten müssen für die Eltern in geeigneter Form öffentlich gemacht werden.

TIPP
Seien Sie zu Anfang zurückhaltend mit Verbesserungsvorschlägen.

gen, ob Sie Ihre Sprechzeiten auf der schuleigenen Homepage einstellen können und auch die anderen Kollegen ermutigen dies zu tun. Je mehr Kollegen Ihrem Beispiel folgen, desto größer wird die Akzeptanz in der Elternschaft sein. Sie sind dann nicht mehr der Exot, der aus der Reihe tanzt. Vielleicht lässt sich diese Vorgehensweise an Ihrer Schule etablieren. Allerdings ist es nicht ratsam, mit strukturellen Änderungsvorschlägen direkt zu Beginn Ihres ersten Schuljahres als Lehrer, der aus dem Vorbereitungsdienst kommt, aufzuwarten. Sie handeln sich schnell den Ruf des unsympathischen Besserwissers ein. Das ist taktisch nicht sinnvoll. Lassen Sie sich mit solchen Verbesserungsvorschlägen noch ein wenig Zeit.

Informieren Sie Ihre Eltern im Rahmen eines Elternabends genau über die Vorgehensweise bei Elterngesprächen. Wenn Sie selber keine Klassenführung haben, fragen Sie den Klassenlehrer, ob Sie sich den Eltern beim nächsten Elternabend kurz vorstellen dürfen. Bei der Gelegenheit informieren Sie die Eltern über Ihre Sprechzeiten und über die Anmeldung zu den Sprechzeiten. Setzen Sie für jedes Gespräch ein zeitliches Limit. Das muss schon deswegen so sein, weil Sie in der Regel mehrere Elterngespräche in einer Sprechstunde führen. Gespräche, die zeitlich begrenzt sind, verlaufen effizienter. Achten Sie darauf, dass sie sich auch zur Sprechstunde anmelden und das Anliegen nennen. Das ist auch für die Eltern eine minimale Vorbereitung auf das Gespräch. Indem Sie Ihr Anliegen nennen, grenzen Sie das Thema ein. Es ist nie gut, wenn Sie mit einem Problem überrumpelt werden. Seien Sie vorbereitet!

Es gibt auch Schulen, die keine Sprechzeiten anbieten. Bei diesen Schulen wird häufig eine E-Mail-Adresse für jeden Kollegen auf der schuleigenen Homepage angegeben. Unter dieser E-Mail-Adresse können die Eltern den betreffenden Kollegen anschreiben und um einen Gesprächstermin bitten. So wird für jedes Elternteil und für jedes Anliegen ein individueller Termin verabredet. Das ist auch eine praktikable Lösung, Elterngespräche zu organisieren. Allerdings verursacht diese Vorgehensweise mehr Schriftverkehr. Es kann sein, dass zahlreiche E-Mails geschrieben werden müssen, bevor Sie in beiderseitigem Einvernehmen einen Termin festlegen.

Nebenbei bemerkt, gibt es an jeder Schule zweimal im Jahr einen Elternsprechtag, auf den Sie natürlich auch verweisen können. An diesen Tagen können eigentlich alle Anliegen besprochen werden. Oftmals reicht das aber nicht, weil einige Eltern keine Zeit an diesen Terminen haben. Außerdem gibt es manchmal kurzfristigen Beratungsbedarf oder Vorkommnisse, die zeitnah besprochen werden müssen. Deshalb sollten Sie sich überlegen, wie Sie Ihre Sprechzeiten organisieren und nicht einfach abwarten, bis die ersten Eltern vor Ihnen stehen.

2.3.3 Auszeiten organisieren

Allein die Überschrift dieses Kapitels mag ein wenig befremdlich anmuten. Schließlich haben Lehrer über 70 Tage Ferien im Jahr, die eigentlich unterrichtsfreie Zeit heißen, und sind auch während der Unterrichtstage meistens früher zuhause als der Durchschnitt der erwerbstätigen Bevölkerung.

Wo ist also das Problem, wenn schon so viele Auszeiten vom Arbeitgeber eingeplant sind? Es ist richtig, dass die unterrichtsfreien Zeiten ausreichend vorhanden sind. Dafür ist das Arbeitsaufkommen in den Zeiten dazwischen dementsprechend hoch. Das ist vom Arbeitgeber auch so kalkuliert. Sie arbeiten während der Schulzeit den Überhang an unterrichtsfreien Tagen ab.

Es ist also wichtig, das Schuljahr so zu planen, dass die Phasen mit sehr hohem Arbeitsaufkommen nicht zu lang werden. Es geht um die Rhythmisierung von Arbeit und Erholung. Sie haben sich inzwischen einen Plan angelegt, in den Sie Ihren Stundenplan, Ihre Teamsitzungen, Ihre Konferenzen, Ihre häuslichen und schulischen Arbeitsphasen, Ihre Klassenarbeiten sowie die Zeiten für die Korrekturen eintragen.

Normalerweise werden Konferenz- und Teamsitzungstermine am Anfang des Schuljahres von der Schulleitung oder vom zuständigen Koordinator bekanntgegeben. Meistens werden sie am Schwarzen Brett ausgehängt. Planen Sie die Termine für die Klassenarbeiten so, dass diese nicht alle kurz vor den Zeugnissen geschrieben werden. Das ist ein häufig auftretendes Problem, das auch von Eltern entsprechend angesprochen wird. Es kommt immer wieder vor, dass kurz vor den Zeugnissen mehrere Klassenarbeiten geschrieben werden sollen. Das lässt sich durch eine weitsichtige Planung vermeiden. Wenn an Ihrer Schule in Jahrgangsteams gearbeitet wird, sollte das Thema „Termine für Klassenarbeiten" immer auf der Tagesordnung stehen. Wenn nicht, sprechen Sie es unter Verschiedenes an. In Jahrgangsteams werden die gleichen Klassenarbeiten in allen Klassen des Jahrgangs parallel geschrieben. Deshalb müssen diese Termine geplant werden, und zwar so, dass sie nicht direkt vor den Zeugniskonferenzen liegen. Wenn diese Termine nicht so verteilt werden, dass sie sich auf das ganze Schuljahr verteilen, kommt es zu dieser unangenehmen Häufung von Klausurterminen. Sie selber haben dann immer zu den gleichen Zeiten ein besonders hohes Aufkommen von Korrekturen, während das normale Tagesgeschäft weiterläuft. Das führt zu Stress, weil Sie dann vielleicht doch wieder „Nachtschichten" einlegen müssen und anschließend übermüdet sind. Außerdem sollten Sie vermeiden, Ihre Klassenarbeiten in den Ferien zu korrigieren, sondern sich vielmehr vom Alltag erholen. Das geht schlecht, wenn Sie immer wieder an die Stapel von Klassenarbeiten denken, die in Ihrem Büro auf dem Schreibtisch liegen. Erfahrungsgemäß werden diese Klassenarbeiten sowieso erst am letzten Ferientag vor Schulbeginn in Angriff genommen oder auch wenn der Schulbetrieb schon läuft. Dann haben Sie die ganzen Ferien immer wieder an die Erledigung dieser Aufgabe gedacht, um die Korrekturen dann doch wieder in die ersten Schultage nach den Ferien zu schieben. So werden Sie nicht abschalten können und eine Pause vom anstrengenden Schulbetrieb ist zwingend notwendig. Es gibt sogar Kollegen, die treiben diese Fehlplanung an Korrekturen noch auf die Spitze. Wie schaffen die das? Sie fahren in den Urlaub und nehmen sich die zu korrigierenden Klassenarbeiten mit. Dann sitzen sie vielleicht in der Toskana oder der Provence und bekommen von ihrem schönen Urlaub nur die Hälfte mit, weil sie gedanklich ständig bei der Umsetzung dieser schulischen Aufgaben sind. Machen Sie das nicht! Glauben Sie uns, dass der Erholungswert des Urlaubs ungleich höher ist, wenn Sie den Arbeitsballast da lassen, wo er hingehört. In der Schule.

Es ist möglich, eine gute Jahresplanung der Klassenarbeiten anzufertigen. Dazu muss man sie zu Beginn eines jeden Schuljahres machen, zumindest zu Beginn eines jeden Schulhalbjahres. In größeren Schulen gibt häufig auch Jahrgangsteamsitzungen. In diesen Sitzungen ist die Planung der Klausurtermine ein fester Tagesordnungspunkt, der standardmäßig besprochen wird. Auch in Fachkonferenzen oder Fachbereichskonferenzen kann man einen gemeinsamen Klausurplan entwerfen. In allen Klassen eines Jahrgangs sollten sowieso die Themen der schuleigenen Arbeitspläne weitgehend parallel unterrichtet werden, damit die Leistungen vergleichbar sind. Das gibt Ihnen auch Sicherheit bei Nachfragen elterlicherseits. Wenn Ihnen zum Beispiel vorgeworfen wird, dass Ihre Anforderungen zu hoch seien, können Sie immer darauf verweisen, dass diese Anforderungen in einer Fachkonferenz auf der Grundlage der Kerncurricula festgelegt werden und somit verbindlich für den gesamten Jahrgang gelten.

In Ihren Plan, in den Sie Ihre verschiedenen Arbeits- und Ruhephasen eintragen, gehören ebenso Termine mit Freunden, Termine zum Sporttreiben, Termine, um ein Konzert zu besuchen oder der Stammtisch mit den „Kartenbrüdern", also alles, was Ihnen gut tut und nichts mit der Arbeit zu tun hat.

TIPP
Vergessen Sie die Freizeitplanung nicht!

Sollte es vorkommen, dass die Eltern Sie trotz der Elternsprechtage und der Sprechzeiten in der Schule zu oft zuhause anrufen, ziehen Sie einfach mal den Stecker vom Telefon. Dafür haben Sie einen separaten Telefonanschluss im Büro.

3 Eine Klasse leiten

3.1 Die Klasse kennenlernen

Ihr Schulleiter hat Ihnen mitgeteilt, dass Sie der neue Klassenlehrer der 7b werden. Jetzt beginnt für Sie der „Ernst des Lehrerlebens". Das Führen einer Klasse ist eine verantwortungsvolle Aufgabe. Zunächst einmal sollten Sie sich aus dem Sekretariat eine Klassenliste mit Namen, Telefonnummern und Adressen Ihrer Schüler besorgen. Danach sollten Sie mit dem ehemaligen Klassenlehrer Kontakt aufnehmen und einen Termin für ein Übergabegespräch vereinbaren. Auch sollten Sie sich anhand des letzten Zeugnisses über den Leistungsstand der einzelnen Schüler informieren. Es gibt Kollegen, die diesem Gespräch kritisch gegenüberstehen und sich auch keine Noten anschauen. Sie argumentieren häufig damit, dass Sie die Schüler unvoreingenommen kennenlernen möchten. Das ist auch grundsätzlich ein guter Gedanke. Schließlich wollen Sie die Schüler nicht sofort in eine „Schublade" packen. Wir empfehlen Ihnen aber trotzdem das Gespräch bzw. einen Blick auf die Zeugnisnoten zu werfen. Schließlich möchten Sie in den ersten Tagen bzw. Wochen keine „unangenehmen" Überraschungen erleben. So sollten Sie schon als Klassenlehrer Bescheid wissen, ob einzelne Schüler Verhaltensauffälligkeiten aufweisen oder ob jemand aus der Klasse auf sonderpädagogischen Unterstützungsbedarf angewiesen ist. Zudem kann ein Einblick in die familiären Verhältnisse sehr wichtig sein, um das Verhalten einzelner Schüler nachvollziehen zu können. Auch für die unterrichtliche Arbeit kann es sinnvoll sein, zu wissen, wer in Ihrer Klasse ein Mathe-Ass ist und wen Sie während der Erarbeitungsphase im Auge behalten müssen bzw. wem Sie mehr Unterstützung anbieten sollten.

Am ersten Schultag stellen Sie sich Ihren Schülern vor. Was Sie den Schülern preisgeben, müssen Sie selbst entscheiden. Wir empfehlen Ihnen, zunächst einmal nur „unverfängliche" Dinge zu nennen. Dazu zählen beispielsweise Ihre studierten Fächer oder Ihre Hobbys. Weitere Informationen, wie zum Beispiel der Familienstand oder Ihr Alter, können Sie auch noch später mitteilen. Danach sollten sich die Schüler namentlich vorstellen und etwas von ihren Ferien erzählen. So erhalten Sie die ersten Informationen über Ihre Klasse.

TIPP
Seien Sie eher zurückhaltend mit persönlichen Infomationen!

Um einen Einblick in die sozialen Strukturen Ihrer Klasse zu erhalten und die Erwartungen der Schüler an Sie zu erfahren, bietet es sich an, folgende Aussagen in Stichpunkten vervollständigen zu lassen:

- Das klappt in unserer Klasse gut: ...
- Das müsste man in unserer Klasse noch verbessern: ...
- Unsere Klassengemeinschaft ist gut/weniger gut, weil ...
- Das erwarte ich von meinem neuen Klassenlehrer: ...

TIPP
Informieren Sie sich bei Ihren Kollegen, wie die ersten Tage bei den Fünftklässlern verlaufen.

Dies sollte natürlich anonym erfolgen, damit die Schüler sich frei äußern können. Dieses Vorgehen eignet sich besonders gut bei älteren Schülern (ab Klasse 8).

Im Anschluss können Sie mit den formal-organisatorischen Dingen, wie zum Beispiel dem Anschreiben des Stundenplanes, der Kontrolle der von den Eltern unterschriebenen Zeugnisse oder dem Überprüfen, ob die Anschrift bzw. Telefonnummer der Schüler noch aktuell sind, weitermachen.

Falls Sie beispielsweise eine 5. Klasse übernehmen sollten, läuft der erste Schultag etwas anders ab. So sollten Sie einen Schwerpunkt auf das gegenseitige Kennenlernen legen. Da die Schüler alle neu an der Schule sind und in der Regel von verschiedenen Grundschulen stammen, ist es sinnvoll, mit verschiedenen Kennenlernspielen zu beginnen. Als Sozialform eignet sich ein Stuhlkreis, damit jeder den anderen auch anschauen kann. So können alle Schüler in die Mitte des Stuhlkreises gehen, die von Grundschule A stammen. Danach gehen alle Schüler, die gern Fußball spielen, in die Mitte und im Anschluss alle, die ein Haustier haben. Auf diese Art und Weise erfahren nicht nur Sie viel über Ihre neuen Schüler, sondern auch diese lernen sich gegenseitig kennen.

An vielen Schulen findet für die Fünftklässler zunächst Klassenlehrerunterricht statt. Im Rahmen dieses Unterrichts vermitteln Sie den Schülern grundlegendes Wissen über die neue Schule. Dazu gehört beispielsweise, dass diese in Form einer Schulralley das Schulgebäude sowie -gelände erkunden.

3.2 Organisation der Klassengeschäfte

Viele organisatorische Aufgaben müssen während des Schuljahres erledigt werden – deshalb ist es sinnvoll, eine Liste mit den Aufgaben sowie den Terminen festzulegen und in den eigenen Schulplaner zu kleben.

Aufgabe	Termin	erledigt
Unterschrift der Eltern auf Zeugnissen kontrollieren	nach den Sommerferien	
Erlasse (zum Beispiel Waffenerlass), Fluchtplan, Schulordnung besprechen	nach den Sommerferien	
eventuell Busfahrkarten ausgeben	nach den Sommerferien	
eventuell Kopiergeld einsammeln	nach den Sommerferien	
Kontrolle der Adressen bzw. Telefonnummern	nach den Sommerferien	
Einladung zum Elternabend verteilen	vor den Herbstferien	
Elternabend durchführen	vor den Herbstferien	
Elternsprechtag(e)	nach den Herbstferien	
Wandertag organisieren	kurz vor oder nach den Osterferien	
Benachrichtigungen über die Gefährdung der Versetzung an die Eltern schicken	X Wochen vor dem Ende des Schuljahres	
Wandertag durchführen	kurz vor den Sommerferien	

Abb. 5: Aufgabenliste

3.2.1 Die Sitzordnung

TIPP
Unterschätzen Sie nicht den Wert einer passenden Sitzordnung. So können sich Unterrichtsstörungen bereits im Vorfeld reduzieren lassen.

Vielleicht sind Sie ja auch schon mal von einem Kollegen mit den Worten: „Dass der Theo neben dem Max sitzt, das geht gar nicht. Die reden die ganze Zeit, aber nicht mit mir oder zum Thema" angesprochen worden oder Vater X weist Sie auf dem Elternsprechtag darauf hin, dass seine Tochter Klara nicht zur Tafel gucken kann, weil Jürgen – der größte Schüler der Klasse – direkt vor ihr sitzt und ihr den Blick versperrt. Das sind immer die Situationen, in denen Sie anfangen, sich mit der Sitzordnung Ihrer Klasse auseinanderzusetzen. Seien Sie sich bewusst, dass eine passende Sitzordnung einen wichtigen Beitrag für eine lernfreundliche Atmosphäre leistet. Durch eine passende Sitzordnung lassen sich Unterrichtsstörungen reduzieren und der Zusammenhalt der Schüler verbessern. Außenseiter können integriert und redefreudige Schüler gebremst werden. Sie sehen an diesen Beispielen, wie wichtig die Sitzordnung ist. Dabei geht es nicht nur um die Frage, wer neben wem sitzt, sondern auch die Anordnung der Tische im Klassenraum ist zu bedenken. Gehen Sie in Ihren Klassenraum und schauen Sie sich die Möglichkeiten an, die der Raum bietet. Bei der Anordnung der Tische müssen Sie beachten, dass diese so aufgestellt werden, dass jeder Schüler gut zur Tafel/zum Whiteboard etc. gucken kann. Dieser Hinweis klingt auf dem ersten Blick banal, wir haben aber festgestellt, dass im Schulalltag häufig dagegen verstoßen wird und die Schüler sich im wahrsten Sinne des Wortes „den Hals verrenken müssen", um einen Blick in Richtung Tafel zu werfen. Sie sollten, falls Sie unsicher mit der Anordnung der Tische sind, zunächst einmal selbst austesten, ob wirklich jeder Schüler in der Lage ist, problemlos zur Tafel zu schauen. Die zweite wichtige Überlegung ist, dass die Anordnung der Tische zu ihrem Unterrichtsstil passen sollte. Sind Sie ein Freund von Gruppenarbeiten, sollte die Sitzordnung so aussehen, dass die Tische bereits zu Gruppentischen angeordnet sind oder aber in sehr kurzer Zeit zu Gruppentischen zusammengeschoben werden können. Wie so eine Sitzordnung aussehen könnte, zeigt Abbildung 6.

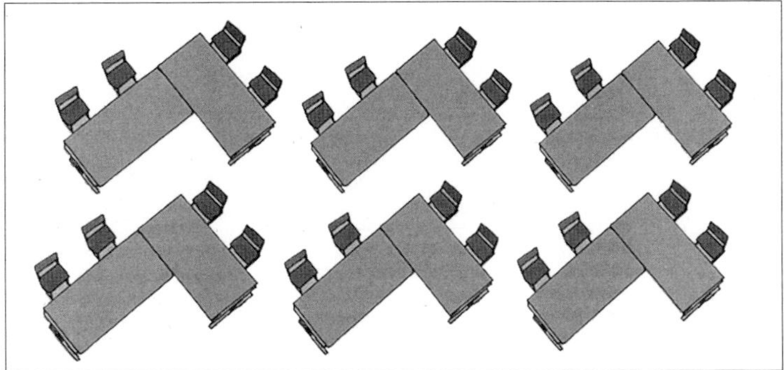

Abb. 6: Sitzordnung (nach Brenner & Brenner 2017, S. 37)

Bei der Anordnung der Sitze sollten Sie zusätzlich beachten, dass sich die Schüler nicht wie in der Abbildung 7 hinter ihrem Vordermann „verstecken" können. Eine solche Sitzordnung könnte dazu führen, dass die Schüler sich eher mit ihren Nachbarn unterhalten, als im Unterricht konstruktiv mitzuarbeiten.

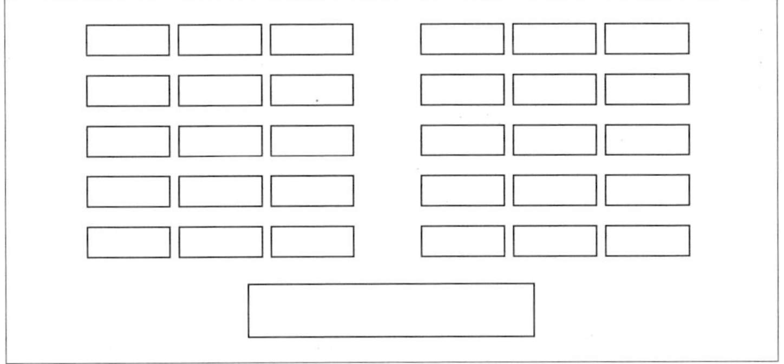

Abb. 7: Sitzordnung (nach Hoegg 2017, S. 44)

Wir empfehlen Ihnen daher eher eine U-Form (Abbildung 8). So haben Sie die Schüler besser im Blick.

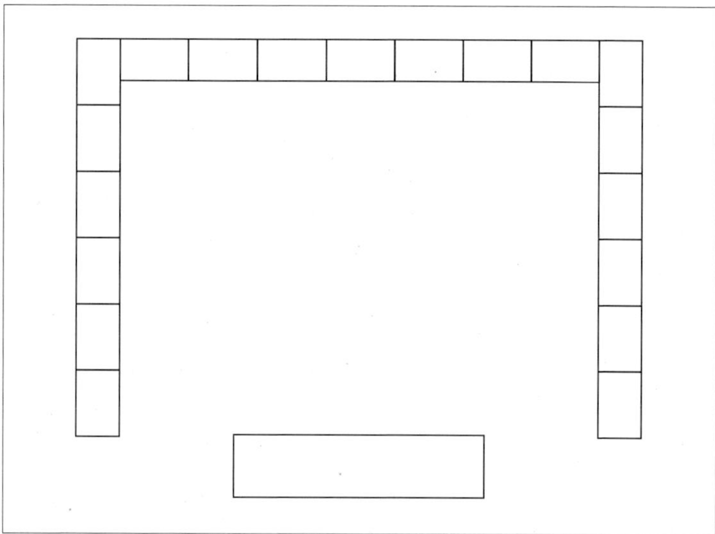

Abb. 8: Sitzordnung (nach Hoegg 2017, S. 44)

Bei sehr großen Klassen bietet es sich an, eine doppelte U-Form zu bilden (Abbildung 9).

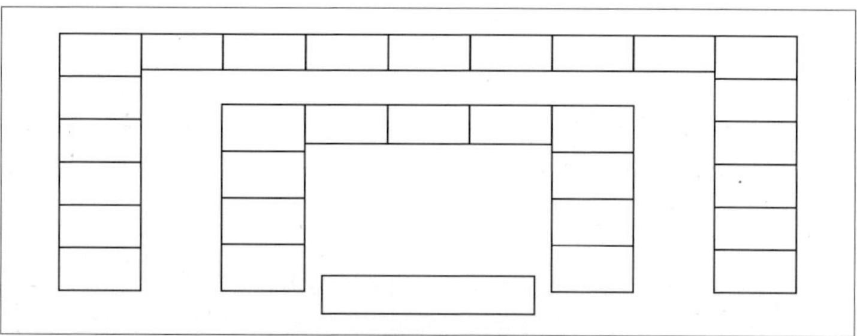

Abb. 9: Sitzordnung (nach Hoegg 2017, S. 44)

Ebenso bedeutend wie die Anordnung ist die Frage, wer mit wem an welchem Tisch sitzt. Scheuen Sie sich nicht und sprechen – falls möglich – mit dem ehemaligen Klassenlehrer über eine mögliche Sitzordnung. Er wird Ihnen einige Tipps geben können, welche Schüler nebeneinandersitzen sollten und welche nicht. Es hat sich in der Praxis bewährt, wenn Sie nach wenigen Wochen die Sitzordnung gemeinsam mit einem Kollegen, zum Beispiel dem zweiten Klassenlehrer, evaluieren. Auf diese Art und Weise bekommt man oft wertvolle Hinweise und Tipps, welches Schülerduo erfolgreich ist und welche Schüler auseinandergesetzt werden sollten.

Es gibt in der Praxis verschiedene Möglichkeiten, zu einer Sitzordnung zu gelangen.

1. Freie Platzwahl: Jeder Schüler sucht sich seinen Platz sowie seinen Sitznachbarn selbst aus. Wenn Sie eine fünfte Klasse übernehmen, bietet es sich meistens an, auf dieses Verfahren zu setzen. Sie sollten den Schülern aber von Beginn an sagen, dass es sich bei der Sitzordnung um einen Test von zwei bis drei Wochen handelt. Prüfen Sie gemeinsam mit Ihren Kollegen, ob die Sitzordnung grundsätzlich passt und nehmen Sie nach Ablauf der „Testphase" mögliche Änderungen vor. Berücksichtigen Sie bei möglichen Umsetzungen auch die Vorschläge und Hinweise der Kollegen.
2. Festgelegte Sitzordnung: Sie legen gemeinsam mit einem Kollegen auf der Basis von gemachten Erfahrungen im bisherigen Unterricht fest, wo welcher Schüler neben wem sitzt. Eine festgelegte Sitzordnung schränkt zwar erheblich die Wahlfreiheit der Schüler ein, sie bietet aber auch mehrere nicht zu unterschätzende Vorteile. So können Sie, wenn Sie ein großes Leistungsspektrum in der Klasse haben, einen leistungsstarken neben einen leistungsschwächeren Schüler setzen, sodass der stärkere dem schwächeren Unterstützung im Unterricht bieten kann, sodass Sie im Unterrichtsgeschehen entlastet werden können. Sie können aber auch soziale Aspekte einfließen lassen, indem Sie Außenseiter bewusst neben einem Schüler setzen, von dem Sie ausgehen, dass dieser ihm helfen kann, in die Klassengemeinschaft aufgenommen zu werden. Sie können sich aber auch für eine andere Variante entscheiden und leistungshomogene Schüler nebeneinandersetzen. Wie auch immer Sie sich bei der Gestaltung der Sitzordnung entscheiden, seien Sie sich bewusst, dass es eine sehr schwierige Aufgabe ist. Fast immer ist es so, dass irgendjemand mit seinem Sitzplatz nicht einverstanden ist.

TIPP
Falls Sie einen oder mehrere Schüler haben, die mit dem Einhalten elementarer Regeln überfordert sind, besorgen Sie sich falls möglich einen Extratisch, sodass auch diese Schüler die Möglichkeit haben, „ruhig" im Unterricht mitzuarbeiten.

Wenn Sie sich für eine Sitzordnung entschieden haben sollten, kleben Sie diese auf das Pult bzw. tragen sie im Klassenbuch ein, damit auch die Kollegen wissen, wie die „offizielle" Sitzordnung in Ihrer Klasse aussieht.

Zum Abschluss noch ein Fall aus dem Alltag: Sie betreten Ihren Klassenraum und gehen in Gedanken noch einmal den Einstieg Ihrer Deutschstunde durch, als Sie feststellen, dass Ihr Kollege die Sitzordnung grundlegend verändert hat. Aber nicht nur die Schüler haben „neue" Nachbarn, sondern auch die Tische sind ganz neu angeordnet. Grundsätzlich spricht nichts dagegen, dass der Erdkundekollege in seinem Unterricht eine andere Sitzordnung einführt. Wichtig ist aber, dass er im Anschluss an seine Stunde die Tische wieder so anordnet, wie er sie vorgefunden hat. Weisen Sie den Kollegen darauf hin.

TIPP
Achten Sie darauf, dass der Schrank auf jeden Fall abzuschließen ist. Das ist vor allem dann wichtig, wenn nicht nur Ihre Klasse, sondern auch andere Lerngruppen in Ihrem Klassenraum Unterricht haben.

3.2.2 Einrichtung des Klassenraums

Kennen Sie das auch: „Herr X, ich konnte meine Hausarbeiten nicht erledigen. Ich hatte das Arbeitsblatt nicht." Oder auch „Haben Sie noch eine Einladung zum Elternabend für mich? Justus hat vergessen, mir den Zettel zu geben." Fehlende „Zettel" aller Art gehören zu den „Zeitfressern" im Unterricht und behindern den Unterrichtsfluss. Aus diesem Grund ist es sinnvoll, sich Gedanken über ein alltagstaugliches „Ablagesystem" zu machen. Für das Sammeln von Arbeitsblättern bieten sich Briefablagen an. Diese sollten mit dem Namen der Schüler beschriftet sein. Am besten werden sie auf einem Regal aufgebaut. Falls Ihr Klassenraum über kein Regal verfügen sollte, können Sie die Briefablagen auch auf die Fensterbank stellen (siehe Kapitel ADA-Ablagesystem).

Schulbücher, Atlanten oder andere Materialien sollten im Klassenschrank deponiert werden. Dabei bietet es sich an, dass für jedes Fach ein Regal vorgesehen ist. Kleben Sie zu Beginn des Schuljahres ein Schild auf jedes Regal, sodass klar wird, welche Bücher bzw. Materialien dort hineingehören. Danach können Ihre Schüler ihre Bücher bzw. anderen Materialien dort verstauen. Sollte sich in Ihrem Klassenraum kein Schrank befinden, sprechen Sie den Hausmeister darauf an. Vielleicht kann er Ihnen noch einen besorgen. Ansonsten können Sie auch bei den Eltern anfragen, ob jemand noch einen ausgemusterten Schrank zur Verfügung stellen kann.

Zu einem positiven Lernklima kann ein liebevoll gestalteter Klassenraum beitragen. Schließlich geht man mit einer ganz anderen Einstellung in einen Raum, in dem man sich wohl fühlt. Gleichzeitig führt ein solcher Klassenraum häufig dazu, dass dieser weniger stark verschmutzt wird bzw. dass es zu weniger Vandalismus kommt. Schließlich ist es ja der Raum der Schüler, den sie selbst gestaltet haben. Sie sollten den Raum in verschiedene Bereiche einteilen. So gibt es neben einer Jungen- und Mädchenecke auch einen Bereich, in dem die Bilder aus dem Kunstunterricht präsentiert werden bzw. eine Ecke in der Lernplakate aus den verschiedenen Fächern aufgehängt werden. Auch ein paar Pflanzen im Raum tragen zu einem behaglichen Klima bei.

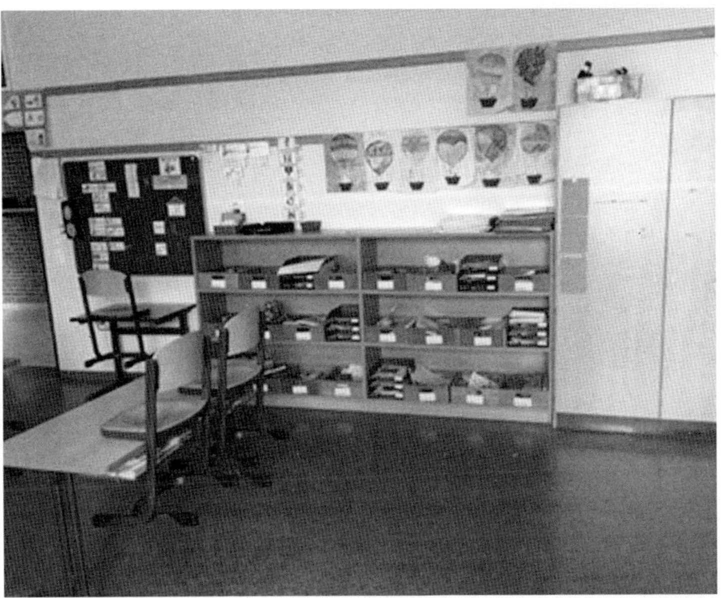

Abb. 10: Schön gestalteter Klassenraum (Foto © Marc Bischoff)

TIPP
Falls Sie der Auffassung sind, dass der Klassenraum dringend einen neuen Anstrich benötigt, erkundigen Sie sich beim Schulleiter bzw. dem Hausmeister, ob Sie den Raum streichen dürfen.

3.2.3 Klassenregeln erarbeiten

Sie haben gut erzogene Schüler, die immer pünktlich zum Unterricht erscheinen, stets zu Stundenbeginn alle benötigten Materialien griffbereit auf dem Tisch liegen haben und nie auf die Idee kommen würden, in die Klasse hineinzurufen. Zu diesen Schülern kann man Ihnen nur herzlich gratulieren. Leider sind diese Schüler sehr selten. Der Regelfall sieht leider anders aus. Trotzdem brauchen Sie nicht zu verzweifeln. Erarbeiten Sie gemeinsam mit den Schülern Klassenregeln, um Disziplinprobleme in den Griff zu bekommen bzw. ihnen vorzubeugen. Ein typischer Anfängerfehler ist, zu viele Regeln festzulegen. Das kann dazu führen, dass Sie während Ihres Unterrichts auf die Einhaltung von 20 Regeln achten müssen. Sie werden feststellen, dass in einem solchen Fall das Unterrichten zur Nebensache wird.

TIPP
Legen Sie nicht zu viele Regeln fest.

B

Negativbeispiel für Klassenregeln

- Nicht in die Klasse rufen.
- Während des Unterrichts nicht essen oder trinken.
- Pünktlich zum Unterricht erscheinen.
- Keinen Streit mit den Mitschülern beginnen.
- Nicht mit dem Handy während des Unterrichts spielen.
- Den Müll in den Abfalleimer werfen.
- Den Lehrer mit Respekt behandeln.
- Die Hausarbeiten ordentlich anfertigen.
- Seinen Platz in Ordnung halten.

TIPP
Lassen Sie die Schüler die Klassenregeln mitentscheiden.

Unsere Erfahrungen haben gezeigt, dass Sie zwischen drei bis fünf Regeln vereinbaren sollten. Wichtig ist, dass Sie den Schülern – vor allem in den höheren Klassen – die Regeln nicht einfach vorsetzen, sondern dass Sie die Schüler beim Erstellen der Klassenregeln beteiligen. Schließlich sind es die Schüler, die sich an die Regeln halten sollen. Dies wird eher der Fall sein, wenn diese sich beim Verfassen aktiv einbringen konnten.

Hier sind noch einige Tipps für das Aufstellen von Regeln: Regeln sollten das Wort „ich" enthalten, damit sich jeder Einzelne angesprochen fühlt und die Regel auch als verbindlich für sich betrachtet. Ein Beispiel hierfür könnte wie folgt lauten: „Ich erscheine pünktlich zum Unterricht." Nachdem Sie dieses Beispiel vorgestellt und die Bedeutung der Regel erläutert haben, lassen Sie Ihre Schüler in Einzelarbeit Regeln (maximal fünf) entwerfen. Danach setzen sich die Schüler in Kleingruppen zusammen, besprechen diese und einigen sich auf maximal fünf Regeln, die auf einem Plakat festgehalten werden. Im nächsten Schritt werden die Plakate im Plenum präsentiert und die Bedeutung der notierten Regeln wird begründet. Danach sollen die Schüler sich auf die fünf wichtigsten Regeln einigen. Dies kann so erfolgen, dass jeder Schüler fünf Klebepunkte erhält und diese an die für ihn fünf wichtigsten Regeln klebt. Auf diese Art und Weise erhalten Sie fünf Regeln, die von Ihrer Klasse als bedeutsam angesehen werden. Lassen Sie anschließend die Regeln auf ein Extraplakat schreiben und von den Schülern unterschreiben. Durch das Unterschreiben sollen sich die Schüler in die Pflicht genommen fühlen, diese Regeln auch zu befolgen. Das Plakat wird dann gut sichtbar im Klassenraum aufgehängt. Sie sollten auch die anderen Lehrer, die in Ihrer Klasse unterrichten, über die vereinbarten Regeln in Kenntnis setzen. Auch ist es sinnvoll, den Eltern die Klassenregeln entweder auf einem Elternabend oder in Form eines Elternbriefes mitzuteilen. Auf diese Weise beteiligen Sie die Eltern und binden sie ein. Das ist vor allem dann ein Vorteil, wenn ein Schüler häufiger gegen eine Regel verstößt. So können Sie das Argument: „Ich wusste gar nicht, dass in der Schule eine solche Regel gilt." entkräften. Wichtig ist an dieser Stelle der Hinweis, dass die Schüler die Regeln erst einmal verinnerlichen müssen. So dauert es erfahrungsgemäß einige Tage, bis die Regeln von den Schülern auch umgesetzt werden. Werfen Sie also nicht zu früh die „Flinte ins Korn", wenn am nächsten Tag noch ein Schüler unpünktlich zum Unterricht erscheint. Räumen Sie Ihrer Klasse einen gewissen Zeitraum ein, sich an die Regeln zu gewöhnen. Dieser ist aber nicht beliebig. Wenn nach einer Woche derselbe Schüler immer noch zu spät kommt, sollten Sie ein Erziehungsmittel anwenden. Das könnte beispielsweise das Nachholen der versäumten Zeit am Nachmittag sein. Bei anderen Regelverstößen wäre es möglich, dass Sie den Schüler ausführlich schriftlich erläutern lassen, warum das Einhalten der Regel X von großer Bedeutung für einen reibungslosen Unterricht ist. Abschließend ist noch zu sagen, dass die Klassenregeln im Gegensatz zu den zehn Geboten nicht in Stein gemeißelt sind. Das bedeutet, dass Sie diese regelmäßig zusammen mit den Schülern evaluieren sollten. Besprechen Sie dabei, welche Regeln eingehalten werden, gegen welche häufig verstoßen werden und was die möglichen Gründe dafür sind. Prüfen Sie, ob einzelne Regeln abgeschafft oder verändert werden können oder eine neue Regel eingeführt werden muss.

Wie geht man bei wiederholten Regelverstößen vor?

Gelungenes Beispiel für Klassenregeln

- Ich komme pünktlich zum Unterricht.
- Ich habe zu Beginn der Stunde alle benötigten Materialien auf meinem Platz liegen.
- Ich rede erst, wenn ich aufgerufen worden bin.

3.2.4 Klassendienste einteilen

Stellen Sie sich vor, Sie betreten einen Klassenraum, in dem die Tafel ungeputzt ist, die Blumen verwelkt und der Müll auf dem Boden liegt. Würden Sie sich in so einem „Ambiente" wohlfühlen und mit Freude unterrichten wollen? Wir auf jeden Fall nicht. Deshalb ist das Festlegen eines Klassendienstes eine Aufgabe, die Sie recht zügig in Angriff nehmen sollten. Auch Ihre Kollegen werden es Ihnen mit Sicherheit danken, wenn klar ist, wer für das Klassenbuch verantwortlich ist oder wer die Kreide holen muss. Nebenbei gesagt, durch die Übernahme eines Klassendienstes wird bei den Schülern die Entwicklung des Verantwortungsbewusstseins gefördert. Bevor Sie die Klassendienste verteilen, überlegen Sie sich, welche Aufgaben in Ihrer Klasse anstehen, die die Schüler übernehmen können. Zu den Klassikern zählen beispielsweise der Tafeldienst, das Kreideholen, das Aufstellen der Stühle sowie das Schließen der Fenster nach Unterrichtsschluss oder das Gießen der Blumen.

Wenn Sie sich entschieden haben, welche Dienste zu erledigen sind, legen Sie fest, wie lange die jeweiligen Dienste zu verrichten sind. Möglich wären wochenweise, monatsweise, halbjährlich oder sogar ganzjährig. Wir haben gute Erfahrungen damit gemacht, die Dienste für jeweils eine Woche zu vergeben. Denken Sie auch daran, einen Ersatzmann festzulegen, der im Krankheitsfall einspringen und die jeweilige Aufgabe erledigen kann. Die nächste Entscheidung, die Sie treffen müssen, ist die, ob Sie die Aufgaben verteilen oder ob sich die Schüler selbstständig in den Klassendienstplan eintragen können. Sowohl in der Grundschule als auch in den Klassen 5 und 6 ist es sinnvoll, dass Sie als Lehrkraft die Dienste festlegen. In den höheren Klassen können sich die Schüler auch selbst eintragen. Es muss vorher nur geklärt werden, wie häufig man im Schuljahr einen Dienst übernehmen muss.

Ordnungsdienst vom 15.08 – 20.08		
Aufgabe	**Verantwortlich ist/sind**	**Ersatzmann**
Tafeldienst	Johann/Silke	Kristina
Blumendienst	Hendrik	Thorsten
Ordnungsdienst	Claudia/Sandra	Manuel
Austeildienst	Jens/Sophia	Thomas
Kreidedienst	Svenja	Jeanette

Abb. 11: Beispiel für einen Ordnungsdienst

TIPP
Achten Sie darauf, dass Ihr Klassenbuch gewissenhaft geführt wird.

3.2.5 Das Klassenbuch

Das Klassenbuch ist ein wichtiges Dokument. In ihm werden die behandelten Unterrichtsthemen dokumentiert sowie fehlende Schüler eingetragen. Sie sollten stets dafür sorgen, dass das Klassenbuch tagesaktuell ist. Schließlich ist es sehr peinlich, wenn beispielsweise bei einem Feueralarm nicht klar ist, ob alle Schüler anwesend sind oder jemand fehlt. Zu Beginn des Schuljahres tragen Sie im Klassenbuch den Stundenplan, die Klassenliste sowie die Fachkollegen und ihre Fächer ein. Im Laufe des Schuljahres ergänzen Sie die Angaben um den gewählten Klassensprecher sowie die Elternvertreter. Im Klassenbuch werden auch Belehrungen wie zum Beispiel das Verhalten bei Feueralarm dokumentiert. Es ist sinnvoll, dort auch festzuhalten, wann Sie den Schülern mündliche Noten mitgeteilt haben. So sind Sie auf der sicheren Seite, wenn Schüler oder Eltern anderes behaupten.

Was steht im Klassenbuch?

Am Ende der Woche sollten Sie kontrollieren, ob alle Eintragungen vorgenommen wurden und gegebenenfalls den Klassenbuchführer bitten, den Kollegen X darauf hinzuweisen, dass er noch das Stundenthema in Mathematik vom Mittwoch nachtragen muss. Liegen alle Eintragungen vollständig vor, bestätigen Sie die Richtigkeit der Eintragungen durch Ihre Unterschrift. Danach können Sie das Klassenbuch der Schulleitung zur Unterschrift vorlegen. Generell sollten Sie am Ende der Woche einen Blick auf die Eintragungen werfen. So könnte es sein, dass Max häufig am Montag in der 5./6. Stunde fehlt, wenn die Klasse Sport hat oder dass Fatima regelmäßig am Mittwoch zum Chemieunterricht in der 1. Stunde zu spät kommt. Diese Auffälligkeiten sollten Sie sowohl mit den Schülern bzw. deren Eltern als auch den Kollegen besprechen und eine „Lösung" finden.

TIPP
Kleben Sie ein Post-It mit dem Namen des Kollegen sowie dem Datum auf die entsprechende Seite des Klassenbuchs.

Die gewissenhafte Führung des Klassenbuchs ist eine verantwortungsvolle Aufgabe. Schließlich muss der Klassenbuchführer dafür sorgen, dass morgens das Klassenbuch geholt und nach der letzten Stunde wieder zurückgebracht wird. Auch bei einem Raumwechsel zum Beispiel vom Klassenraum in den Chemieraum und dann weiter in den Kunstraum ist es seine Aufgabe, dass das Klassenbuch mitgenommen und nicht „unterwegs" vergessen wird. Zudem muss der Klassenbuchführer darauf achten, dass die Kollegen die notwendigen Eintragungen, wie das Thema der Unterrichtsstunde sowie eventuelle Hausaufgaben, vornehmen und durch ihr jeweiliges Kürzel dokumentieren. Das ist vor allem bei Vertretungsstunden von besonderer Bedeutung. Ansonsten wird es am Ende des Schuljahres schwierig, zu ermitteln, wer am 28. Februar in der 4. Stunde die Vertretung in Ihrer Klasse übernommen hat.

Was macht der Klassenbuchführer?

Sie sehen, das Amt des Klassenbuchführers ist ein sehr wichtiges. Um einen geeigneten Schüler zu finden, können Sie sich beim ehemaligen Klassenlehrer erkundigen. Alternativ können Sie aber auch einen Blick auf das Arbeits- bzw. Sozialverhalten des letzten Zeugnisses werfen. Wer mindestens eine „Zwei" erreicht hat, kommt als potenzieller Kandidat infrage. Sie sollten auch immer einen zweiten Klassenbuchführer bestimmen, damit auch im Krankheitsfall dafür gesorgt ist, dass der Klassenbuchdienst reibungslos funktioniert.

Eintragungen	erledigt
Schülerliste eingetragen	
Stundenplan eingekleben	
Belehrungen/Verhalten bei Feueralarm dokumentieren	
Wurde die jeweilige Schulwoche von Ihnen unterschrieben?	
Haben alle Kollegen unterschrieben?	
Hat die Schulleitung schon unterschrieben?	

Abb. 12: Checkliste Klassenbuch

TIPP
Um den Überblick über die Entschuldigungen zu behalten, sollten diese ausschließlich bei Ihnen oder höchstens noch beim stellvertretenden Klassenlehrer abgegeben werden. Alle anderen Kollegen sind tabu. Ansonsten könnten Sie leicht den Überblick verlieren, wer von wem eine Entschuldigung angenommen hat.

3.2.6 Entschuldigungen und Beurlaubungen

„Herr X, wie kann das sein, dass mein Sohn Felix zehn unentschuldigte Fehltage auf dem Zeugnis hat? Er hat doch gestern die Entschuldigungen für das gesamte Schuljahr abgegeben."

Wenn Sie Gespräche dieser Art im Anschluss an die Zeugnisausgabe vermeiden möchten, empfehlen wir Ihnen, den Eltern – aber natürlich auch ihren Schülern – den Umgang mit Entschuldigungen an ihrer Schule zu Beginn des Schuljahres ausführlich zu erläutern. Informieren Sie sich deshalb vor Schuljahresbeginn, wie die Entschuldigungspraxis an Ihrer Schule aussieht. Wichtig ist für Sie auch zu wissen, wie die Vorgehensweise bei versäumten Klassenarbeiten oder Klausuren aussieht. Reicht eine schriftliche Entschuldigung der Eltern bzw. des volljährigen Schülers oder muss ein ärztliches Attest vorgelegt werden?

Nach der Abgabe der schriftlichen Entschuldigung sollten Sie direkt die entsprechenden Fehltage im Klassenbuch mit einem (e) kennzeichnen. Schließlich haben Sie sicher nicht die Absicht, sich kurz vor dem Eintragen der entschuldigten bzw. unentschuldigten Fehltage ins Zeugnisprogramm durch einen Berg von Entschuldigungen zu arbeiten.

Die Entschuldigungen der Schüler sollten Sie sammeln, damit Sie bei eventuellen Nachfragen nachweisen können, dass eine Entschuldigung vorlag oder nicht.

Es hat sich in der Praxis bewährt, wenn Sie bei Schülern, die regelmäßig keine Entschuldigungen abgeben, dies in Form einer Aktennotiz vermerken und die Eltern informieren. Bei „hartnäckigen" Verweigerern sollten Sie nicht zögern und die Schulleitung davon in Kenntnis setzen.

Aktennotiz über ein Telefonat mit Jan Müllers Mutter

Jan hat mehrere unentschuldigte Fehltage. Als ich seine Mutter darauf ansprach, sagte sie mir, Jan sei dieses Schuljahr noch gar nicht krank gewesen. Sie hat mir gesagt, sie werde Jan auf sein unentschuldigtes Fehlen ansprechen und entsprechende Konsequenzen zuhause ergreifen.

TIPP
Legen Sie einen Entschuldigungsordner an und heften Sie die Entschuldigung beim entsprechenden Schüler ein.

Noch ein Hinweis von uns an dieser Stelle: In den meisten Bundesländern ist es so geregelt, dass Sie als Klassenlehrer die Schüler für einen Tag beurlauben können. Soll eine Beurlaubung für mehrere Tage erfolgen, leiten Sie den Antrag an Ihren Schulleiter weiter. Dies gilt übrigens auch für eine Beurlaubung direkt vor oder im Anschluss an die Ferien. Wenn Sie unsicher sind, ob die im Antrag genannten Gründe eine Beurlaubung rechtfertigen, wenden Sie sich ebenfalls an Ihre Schulleitung.

3.2.7 Das Klassenkonto

Das Einrichten eines Klassenkontos ist im schulischen Alltag sehr sinnvoll. Auf dieses Konto könnte beispielsweise das Geld für die nächste Klassenfahrt oder für den Wandertag am Ende des Schuljahres eingezahlt werden. In manchen Bundesländern, wie zum Beispiel Niedersachsen, ist es Lehrkräften nicht mehr erlaubt, für ihre Klasse ein Klassenkonto einzurichten. In diesem Fall sind Sie auf die Unterstützung durch Ihre „Eltern" angewiesen. Sie sollten gemeinsam mit den Elternvertretern ein Treuhandkonto für Ihre Klasse einrichten. Ein solches Konto bietet den Vorteil, dass es nicht auf eine Person festgelegt ist. So haben sowohl Sie als auch das jeweilige Elternteil Zugriffsmöglichkeiten auf das Konto. Die organisatorischen Aufgaben der Kontoführung, wie zum Beispiel Kontrolle der Zahlungseingänge, sollten Sie den Eltern überlassen. Der große Vorteil eines Klassenkontos ist, dass alle anfallenden Beträge auf dieses Konto eingezahlt werden können. Sei es das Geld für den Wandertag oder die 2 € für den Schwimmbadbesuch. Schließlich gibt es nichts Nervigeres, als wenn Sie zwei Wochen lang zu Beginn jeder Ihrer Unterrichtsstunden eine Schlange von Schülern an Ihrem Pult stehen haben, die noch ihr Geld abgeben müssen.

Exkurs: Die Klassenkasse

„Können wir nicht eine Klassenkasse einrichten?", mit dieser Frage werden Sie mit Sicherheit in den ersten Wochen Ihrer Klassenlehrerschaft konfrontiert werden. Als schülerorientierter Kollege werden Sie mit großer Sicherheit dem Anliegen Ihrer Schüler entsprechen wollen. Wir raten Ihnen, nicht leichtfertig diesem Wunsch zu entsprechen. Schließlich birgt gerade die „Klassenkasse" einige Risiken, die Sie sich bewusst machen sollten. Bevor Sie sich für die Klassenkasse entscheiden, sollten Sie zunächst einmal für sich die folgenden Fragen klären:

- Wollen sich alle Schüler an der Klassenkasse beteiligen?
- Wie viel Geld soll eingesammelt werden?
- Wie oft wird das Geld eingesammelt?
- Wer sammelt das Geld ein?
- Was passiert, wenn jemand nicht regelmäßig einzahlt?
- Wann wird das Geld eingesammelt? – in der Pause oder während Ihres Englischunterrichtes?
- Und die wichtigste Frage: Wer verwaltet die Klassenkasse und ist somit verantwortlich, dass die Kasse auch „stimmt"?

Sie sehen, die Einführung eines Klassenkasse ist nicht so einfach, wie es auf dem ersten Blick erscheint.

3.3 Einen Elternabend vorbereiten

TIPP
Der Elternabend ist eine Art „Visitenkarte" für Sie. Bereiten Sie ihn gewissenhaft vor.

Zu Beginn eines Schuljahres ist es üblich, dass man die Eltern seiner Klasse zu einem Elternabend in die Schule einlädt. Das ist für beide Seiten eine gute Gelegenheit, sich einmal persönlich kennenzulernen. Nicht nur Sie sind auf die Eltern gespannt, andersherum sieht es ähnlich aus. Falls Ihre Klasse bereits über Elternvertreter verfügen sollte, nehmen Sie im Vorfeld Kontakt zu ihnen auf. Dann können Sie einen Termin abstimmen und zugleich erfahren, welche Themen die Eltern ansprechen möchten. Dies ist für die Planung sehr hilfreich. Inhaltlich können Sie den Elternabend weitgehend nach eigenen Vorstellungen gestalten. Ein „Klassiker" ist dabei die Wahl der Elternvertreter. Deren Aufgabe besteht darin, stellvertretend für die Elternschaft an verschiedenen Klassenkonferenzen, wie zum Beispiel den Versetzungskonferenzen, teilzunehmen. Weitere Tagesordnungspunkte könnten Leistungsbewertung, anstehende Klassenfahrten, Wandertage, Projekttage oder andere Schulaktivitäten sein. Falls es an Ihrer Schule üblich sein sollte, können Sie auch die anderen Hauptfachlehrer einladen, damit diese den Eltern die geplanten Inhalte sowie die Leistungsbewertung des jeweiligen Faches erläutern können. Die Vorbereitung eines Elternabends weist einige Gemeinsamkeiten mit der Planung einer Schulstunde auf. Überlegen Sie, nachdem Sie sich für die Themen entschieden haben, wie viel Zeit Sie für das jeweilige Thema benötigen. So vermeiden Sie eine Überfrachtung des Elternabends. Es hat sich in der Praxis als günstig erwiesen, wenn der Ablauf des Elternabends an der Tafel oder mithilfe einer Flipchart visualisiert wird. Es ist sinnvoll, wenn Sie hinter jedem Tagesordnungspunkt die geplante Zeitdauer notieren. So haben Sie die Möglichkeit, die Zeitplanung im Auge zu behalten und können gegebenenfalls mit einem Hinweis auf die Zeit das Ausufern einer Diskussion vermeiden. Wenn Sie bemerken sollten, dass Sie den Zeitplan nicht mehr einhalten können, scheuen Sie sich nicht, einzelne Tagesordnungspunkte auf den nächsten Elternabend zu verschieben. Sie können die Eltern darauf hinweisen, dass der Punkt X aus Zeitgründen beim nächsten Mal in aller Ruhe thematisiert wird.

Wie bereitet man einen Elternabend vor?

Es bietet sich an, den Elternabend zwischen 19:00 Uhr bzw. 19:30 Uhr zu beginnen und nach spätestens 90 Minuten sollte der Elternabend beendet sein. Danach lässt in der Regel die Aufmerksamkeit der Teilnehmer nach, zumal die meisten Eltern einen langen Arbeitstag hinter sich haben.

Wie lange sollte ein Elternabend dauern?

Damit sich die Eltern auf mögliche Abstimmungen, zum Beispiel bei der Entscheidung, wohin die Klassenfahrt gehen soll, vorbereiten können, ist es sehr hilfreich, wenn Sie den Eltern bereits in der Einladung die Tagesordnungspunkte mitteilen. Diese sollten nach Dringlichkeit angeordnet werden. So können Sie im Notfall auf den letzten Punkt verzichten und ihn erst beim nächsten Elternabend besprechen. Wichtig ist an dieser Stelle noch zu erwähnen, dass bereits im Anschreiben deutlich wird, über welche Themen die Eltern abstimmen sollen, damit diese im Vorfeld die Möglichkeit haben, sich eine Meinung zum jeweiligen Sachverhalt zu bilden.

Nach der Begrüßung sollten Sie die Anwesenheitsliste verteilen und das Protokoll vergeben. Ein Protokoll sollte geführt werden, damit wichtige Beschlüsse zum Beispiel bezüglich der Kosten einer geplanten Klassenfahrt schriftlich festgehalten werden. Das ist notwendig, wenn es beispielsweise Nachfragen von Eltern gibt, die nicht am Elternabend teilgenommen haben.

Geben Sie circa zwei Wochen vor dem anvisierten Termin den Schülern die Einladung zum Elternabend mit. In die Einladung gehören neben dem Ort, dem Datum und der Uhrzeit (Beginn und Ende) auch die Tagesordnungspunkte, die sie gemeinsam mit den Eltern besprechen wollen. Unsere Erfahrung hat gezeigt, dass, wenn im Vorfeld klar festgelegt, wie lange der Elternabend dauern soll, der Gesprächsverlauf zielorientierter verläuft. Auch sollten Sie auf der Einladung vermerken, bis wann Sie von den Eltern wissen möchten, ob diese am Elternabend teilnehmen oder nicht bzw. ob es noch bestimmte Themen gibt, über die gesprochen werden soll. Diese Themenwünsche können auf dem Rückmeldezettel notiert werden. Falls die Wahl der Elternvertreter anstehen sollte, ist es sinnvoll, im Vorfeld schon einmal Kontakt zu den Eltern herzustellen, mit denen Sie sich eine konstruktive Zusammenarbeit vorstellen könnten, und diese „ermutigen", sich für das Amt zu bewerben. In dieser Frage können Sie ruhig eigennützig handeln, da Sie mit den gewählten Elternvertretern über einen längeren Zeitraum zusammenarbeiten. Die Zusammenarbeit gestaltet sich um einiges leichter, wenn man mit den Vertretern „auf gleicher Wellenlänge liegt" und keine Dissonanzen bestehen, die das Miteinander belasten. Zumal „gute" Elternvertreter einem die Arbeit in vielfacher Hinsicht erleichtern können, indem sie Aufgaben, wie zum Beispiel die Organisation eines Klassenfestes oder das Führen des Klassenkontos, übernehmen. Häufig bekommt man von ihnen auch rechtzeitig Bescheid, wenn sich etwas in der Klasse bzw. in der Elternschaft „zusammenbraut", sodass man frühzeitig auf „Probleme" oder „Missverständnisse" reagieren kann. Sie sehen also an diesen Beispielen, wie wichtig die „richtigen" Elternvertreter sind.

Seien Sie vor der vereinbarten Zeit in der Schule und nehmen Sie die Eltern in Empfang. So können Sie noch vor dem eigentlichen Beginn etwas „Smalltalk" halten. Falls Sie unsicher sein sollten, worüber Sie mit den Eltern sprechen können, geben wir Ihnen folgenden Tipp: Stellen Sie in Ihrem Raum Schülerarbeiten aus dem Kunst-, Werk- oder Textilunterricht aus. Aber auch selbstverfasste Gedichte, kurze Geschichten oder im Biologie- oder Geschichtsunterricht erstellte Lernplakate eignen sich gut als „Eisbrecher", um mit den Eltern ins Gespräch zu kommen. Zugleich erhalten diese einen guten Einblick in den Unterricht. Ein liebevoll gestalteter Klassenraum ist also ein erster Pluspunkt für Sie.

Damit Sie wissen, mit wem Sie es überhaupt zu tun haben, und Ihr Gegenüber mit Namen ansprechen können, empfehlen wir Ihnen, Namenskarten vorzubereiten.

Was muss ich bei Abstimmungen beachten?

Vor der ersten Abstimmung sollten Sie klären, ob per Handzeichen oder in „geheimer" Wahl abgestimmt werden soll. Unserer Erfahrung nach wird vor allem bei kontroversen Themen eine „geheime" Abstimmung gewünscht. Sie sollten daher immer einige „Abstimmungskarten" sowie ausreichend Stifte mit zum Elternabend bringen.

Je nach Tagesordnung empfehlen wir das Erstellen einer Präsentation, um wichtige Inhalte beispielsweise bezüglich der Leistungsbewertung oder Termine zu visualisieren. Zudem können Sie, falls gewünscht, diese den Eltern im Anschluss per E-Mail zukommen lassen.

Noch ein Hinweis von uns an dieser Stelle. Es gibt Themen auf einem Elternabend, die sie möglichst schnell beenden sollten. Es besteht die große Gefahr, dass Sie sich in ein „Fettnäpfchen" setzen. Beginnt ein Elternbeitrag mit den Worten: „Finden Sie nicht auch, dass Kollege X die Mathematikaufgaben einfach nicht erklären kann?", verhalten Sie sich kollegial und weisen Sie darauf hin, dass Sie sich weder zum Kollegen X noch zu seinem Unterricht äußern möchten. Bitten Sie die Eltern stattdessen darum, persönlich mit dem Kollegen in Kontakt zu treten, um ihm ihr Anliegen vorzutragen. Schließlich haben die Eltern ein Problem mit ihm und nicht Sie. Bevor Sie auf Anliegen dieser Art antworten, sollten Sie sich fragen, ob sie davon angetan wären, dass Sie oder Ihr Englischunterricht Thema eines Elternabends sind und sich Ihr Kollege auf die Seite der Eltern schlägt. Bedenken Sie ebenfalls, dass es Eltern gibt, die beim nächsten Elternsprechtag den Kollegen X darauf hinweisen könnten, dass auch Sie der Auffassung seien, dass er die Mathematikaufgaben einfach nicht erklären könnte.

Wie verhalte ich mich richtig bei Kritik an Kollegen?

Zum Ende des Elternabends bedanken Sie sich bei den Eltern für das Erscheinen und achten Sie darauf, dass die Anwesenheitsliste wieder bei Ihnen ist.

Nach dem Elternabend sollten Sie nicht sofort die Schule verlassen, sondern noch ein wenig bleiben. Erfahrungsgemäß könnten sich noch einzelne Eltern mit persönlichen Anliegen an Sie wenden. Oft möchten die Eltern noch einige Informationen zur häuslichen Situation loswerden – etwa eine anstehende Ehescheidung oder Infomationen zu Gesundheit eines Schülers oder Ähnliches.

Zu einem gelungenen Elternabend gehört nicht nur eine sorgfältige Planung und Durchführung, sondern auch eine kritische Nachbereitung. Wir empfehlen Ihnen, dass Sie noch einmal den Abend Revue passieren lassen. Hilfreich sind dabei die folgenden Fragen:

- Was hat alles gut geklappt?
- Wie war die Stimmung der Eltern?
- Welche Eltern sind positiv aufgefallen?
- Welche Eltern sind negativ aufgefallen?
- Was sollte beim nächsten Mal geändert werden?

Zu erledigen	erledigt
Termin in Absprache mit Schulleitung/Hausmeister/ggf. Elternvertretern festlegen	
Themen festlegen	
Einladung erstellen	
Einladung an Schüler verteilen	
Erhalt bestätigen lassen	
Klassenraum vorbereiten	
Namenskarten erstellen	
ggf. Präsentation vorbereiten	
Anwesenheitsliste vorbereiten	
Protokollführer festlegen	
Reflexion des Elternabends	

Abb. 13: Checkliste Elternabend 

Gymnasium Musterhausen
Musterstraße 1
11111 Musterhausen

Musterhausen, 24.08. …

Einladung zum Elternabend der Klasse 6a

Sehr geehrte Eltern und Erziehungsberechtigte,
hiermit lade ich Sie ganz herzlich zum Elternabend im Schuljahr 2019/20 ein.

Termin: 15.09…
Uhrzeit: 19:00 Uhr
Ort: Klassenraum der Klasse 6a (Raum XXX)

Tagesordnung:
1) Begrüßung
2) Vorstellen der Fachlehrer
3) Zur Situation der Klasse 6a
4) Wahl der Elternvertreter
5) Planung der Klassenfahrt
6) Leistungsbewertung
7) Verschiedenes

Mit freundlichen Grüßen

____
(Klassenlehrer)

✂ -

Die Empfangsbestätigung bitte bis **zum 1. September** beim Klassenlehrer abgeben.
Name des Kindes: ____

Ich habe die Einladung für den Elternabend am 15.09. … erhalten und
❍ werde am Elternabend teilnehmen.
❍ kann leider nicht am Elternabend teilnehmen.

Vorschlag zur Tagesordnung: ____________________________________

____

____
(Ort, Datum Unterschrift eines Erziehungsberechtigten)

Abb. 14: Einladung zum Elternabend

3.4 Vorbereitung und Durchführung eines Elternsprechtages

TIPP
Fürchten Sie sich nicht vor dem Elternsprechtag, sondern nutzen Sie ihn als Chance, um sich mit den Eltern über die Stärken und Schwächen ihrer Kinder auszutauschen!

Es ist üblich, dass ein- oder zweimal im Schuljahr ein Elternsprechtag durchgeführt wird. Wenn Sie eine Klasse neu übernommen haben oder ein Hauptfach unterrichten, können Sie davon ausgehen, dass viele Eltern zu Ihnen kommen werden, um über die Leistungen sowie das Verhalten ihres Kindes zu sprechen. Viele Junglehrer sehen dem ersten Elternsprechtag mit gemischten Gefühlen entgegen. Wir können Sie beruhigen. Wenn Sie im Vorfeld einige Dinge beachten, können Sie dafür sorgen, dass der Elternsprechtag mit großer Wahrscheinlichkeit positiv verlaufen wird.

Eine gewissenhafte Vorbereitung ist das „A und O". Das beginnt beim Klassenraum. Es versteht sich von selbst, dass sich dieser in einem sauberen und ordentlichen Zustand befinden sollte. Zu den weiteren Grundlagen gehört ein „gesprächsfreundliches" Ambiente. Ein wenig Tischdeko ist sehr nützlich, um eine entspannte und freundliche Atmosphäre zu verbreiten. Zudem sollten Sie durch die Wahl Ihrer Kleidung ausdrücken, dass der Elternsprechtag auch für Sie etwas Besonderes ist.

Da bei den Gesprächen die Schüler im Mittelpunkt stehen, müssen Sie alle notwendigen Unterlagen, wie zum Beispiel Notenlisten sowie andere Aufzeichnungen, griffbereit liegen haben. Es wirkt wenig professionell, wenn Sie vor Eltern in einem Wust von Blättern nach den mündlichen Noten der Klasse 6a suchen und dann einräumen müssen, dass sie diese zuhause vergessen haben. Zudem sollten Sie sich als Klassenlehrer wenige Tage vor dem Elternsprechtag bei Ihren Kollegen erkundigen, ob diese noch Anmerkungen zu einzelnen Schülern haben oder mit bestimmten Eltern ein Gespräch führen möchten.

Es gehört zu den „Todsünden" eines Elternsprechtages, wenn Sie nicht darauf achten, dass die vereinbarten Gesprächszeiten eingehalten werden. Die Folge ist nämlich, dass vor Ihrem Klassenraum die Schlange der Wartenden wächst und die Stimmung sich von Minute zu Minute verschlechtert. Sie werden dann in den Gesprächen bemerken, dass sich diese oft schwieriger gestalten als die ersten. Um dieses Szenario zu verhindern, ist es absolut notwendig, auf die geplanten Gesprächszeiten zu achten. Platzieren Sie eine Uhr in Ihrem Blickfeld, sodass Sie immer wissen, wie viel Zeit Ihnen für das Gespräch noch zur Verfügung steht. Auch wenn ein Elternteil noch großen Gesprächsbedarf haben sollte, beenden Sie nach Ablauf der vereinbarten Zeit das Gespräch mit dem Hinweis auf die wartenden Eltern und bieten Sie einen Zusatztermin außerhalb des Elternsprechtages an oder vereinbaren Sie einen Termin für ein Telefonat.

Ein Elternsprechtag fordert Sie physisch und psychisch. Schließlich müssen Sie im Anschluss an den Unterricht noch mehrere Stunden in der Schule bleiben und nicht immer einfache Gespräche mit den unterschiedlichsten Gesprächspartnern führen. Da ist volle Konzentration über mehrere Stunden von Ihnen gefordert. Daher sollten Sie auch Pausen zwischen den Gesprächen einplanen. Wir empfehlen Ihnen nach jeder Stunde eine Pause von fünf bis zehn Minuten einlegen. Nutzen Sie die Pause dafür, um sich im Klassenraum die Beine ein wenig zu vertreten und um etwas zu essen und zu trinken, sodass Sie gestärkt in die nächsten Gespräche gehen können. Noch ein Tipp von uns an dieser Stelle: Es gibt Eltern, die mit Ihnen keinen Gesprächstermin vereinbart haben, die aber gern nach dem offiziellen Ende des Elternsprechtages noch zu Ihrem Klassenraum kommen, um mit Ihnen zu sprechen. Überlegen Sie sich gut, ob Sie sich darauf einlassen oder ob Sie den Gesprächswunsch mit dem Hinweis, dass Sie nach diesem langen und anstrengenden Tag auch das Recht auf einen Feierabend haben, ablehnen. Als Kompromiss können Sie mit diesen Eltern einen Zusatztermin bzw. ein Telefonat vereinbaren oder auf den nächsten Elternsprechtag verweisen.

Checkliste Elternsprechtag	
zu erledigen	**erledigt**
Notenlisten bereitlegen	
ggf. Klassenarbeiten bereitlegen	
Gesprächsnotizen erstellen	
gesprächsfreundliche Atmosphäre schaffen	
Ablaufplan bereitlegen	
kleine Stärkung besorgen	
Reflexion des Elternsprechtags (Welche Gespräche verliefen positiv/negativ? …)	

Abb. 15: Muster Checkliste Elternsprechtag

TIPP
Beginnen Sie frühzeitig mit der Planung der Klassenfahrt.

3.5 Eine Klassenfahrt vorbereiten und durchführen

Klassenfahrten gehören sowohl für die meisten Schüler als auch für viele Klassenlehrer zu den „Höhepunkten" der gemeinsamen Schulzeit. Auf einer Klassenfahrt können Sie die Schüler ganz anders kennenlernen als im Unterricht. Sie erhalten einen viel tieferen Einblick in das Sozialgefüge Ihrer Klasse und lernen viele Schüler auch von einer „anderen" Seite kennen. Folglich kann eine gelungene Klassenfahrt einen wertvollen Beitrag für ein gutes Miteinander im Schulalltag leisten. Damit die Klassenfahrt erfolgreich verläuft, ist eine sorgfältige Vorbereitung unabdingbar.

Sie sollten mit der Vorbereitung mindestens ein Jahr im Voraus beginnen. Ein wichtiger Teil der Vorbereitung, der häufig vergessen wird, ist die Auseinandersetzung mit den rechtlichen Aspekten einer Klassenfahrt. Lesen Sie daher den für Ihr Bundesland gültigen Fahrtenerlass. Werfen Sie ebenfalls – falls vorhanden – einen Blick in das Fahrtenkonzept Ihrer Schule. In diesem Konzept sind mögliche Reiseziele der jeweiligen Jahrgangsstufe sowie die Höhe der Kosten für die jeweilige Klassenfahrt festgehalten. Sie können aber auch erfahrene Kollegen fragen, welche Ziele sie für die Jahrgangsstufe X empfehlen würden. Parallel dazu sollten Sie das Gespräch mit Ihrer Klasse suchen, um die Interessen und Wünsche Ihrer Klasse – wie zum Beispiel eine Fahrt ins Ausland oder in eine Großstadt – angemessen bei der Planung berücksichtigen zu können. Fragen Sie zudem in der Schule nach, ob es bestimmte „Fahrtenwochen" gibt, in denen Klassenfahrten durchgeführt werden müssen oder ob Sie terminlich völlig flexibel sind. Suchen Sie ebenfalls das Gespräch mit den Kollegen der Parallelklassen. Vielleicht können Sie mit einer anderen Klasse zusammen fahren bzw. sich auf einen gemeinsamen Termin einigen, an dem mehrere Klassen des betreffenden Jahrgangs auf Tour sind.

TIPP
Viele Jugendherbergen bieten bereits Komplettpakete mit den Schwerpunkten Kultur oder Sport an.

Ganz wichtig ist: Sobald Sie einen Termin für die Klassenfahrt festgelegt haben, melden Sie diesen Ihrer Schulleitung. Wenn Sie diese Rahmenbedingungen geklärt haben, können Sie beginnen, erste Angebote einzuholen. Wenn Ihnen mehrere Angebote vorliegen, sollten Sie einen Elternabend einberufen. Damit die Eltern genügend Zeit haben, sich mit den verschiedenen Angeboten auseinanderzusetzen, sollten sie diese mit der Einladung an die Eltern weiterleiten. Des Weiteren sollten Sie – falls möglich – diese bereits über weitere „Nebenkosten", wie zum Beispiel die Kosten für den Bus, in Kenntnis setzen. Generell sollten Sie gerade bei den Nebenkosten nicht zu knapp kalkulieren. Es ist immer sinnvoll, ein paar Euro mehr einzusammeln, damit Sie unterwegs flexibel reagieren können und bei schlechtem Wetter beispielsweise ins Hallenbad, ins Kino oder in ein Museum gehen können. Bedenken Sie immer, dass das Nachsammeln von Geld im Anschluss an eine Klassenfahrt bei den meisten Eltern nicht sehr beliebt ist. Daher sammeln Sie von vornherein etwas mehr ein. Das überschüssige Geld können Sie dann nach der Fahrt wieder auszahlen.

Des Weiteren sollten Sie die folgenden Themen ansprechen: Nutzung des Smartphones, Höhe des Taschengeldes sowie Konsequenzen bei Fehlverhalten. Die getroffenen Beschlüsse sollten Sie schriftlich festhalten und auch den Eltern mitteilen, die nicht am Elternabend teilgenommen haben. Weisen Sie in diesem Zusammenhang auch noch einmal ausdrücklich auf die Verbindlichkeit der Beschlüsse hin. Ansonsten müssen Sie immer damit rechnen, dass einzelne Eltern bestimmte Beschlüsse ignorieren und Luca trotz des Handyverbotes sein neues Mobiltelefon einpackt. In diesem Zusammenhang wollen wir noch einmal kurz auf die Handynutzung eingehen. Wir empfehlen Ihnen, die Handynutzung während der Klassenfahrt einzuschränken. Sie sollten darauf achten, dass es genügend „handyfreie" Zeiten gibt. Bei gemeinsamen Aktivitäten, wie zum Beispiel einer Kanutour, sollten die Handys entweder ausgeschaltet sein oder in der Jugendherberge bleiben. Sie werden sehen, Ihre Schüler „überleben" auch ein paar Stunden ohne ständig „online" in verschiedenen sozialen Netzwerken zu sein. Am besten wäre es natürlich, wenn die Mobiltelefone gar nicht erst mitgenommen würden. Doch dies lässt sich Eltern und Schülern immer schwieriger vermitteln. Denn schließlich gibt es auch genügend Eltern, die das Mitnehmen der Mobiltelefone befürworten, damit sie ihren „Nachwuchs" jederzeit erreichen können. Sie sehen also, Handys auf Klassenfahrten sind ein kontroverses Thema, dem Sie beim Elternabend genügend Zeit einräumen sollten.

Welche Regeln sollte es auf der Klassenfahrt geben?

Zum Thema „Taschengeld" noch ein paar Gedanken von uns. Wir haben schon erlebt, dass ein Siebtklässler 300 € Taschengeld für eine fünftägige Klassenfahrt mitbekommen hat, weil er sich neue Turnschuhe kaufen wollte. Weisen Sie die Eltern darauf hin, dass eine Klassenfahrt keine „Einkaufstour" ist, sondern eine pädagogische Fahrt. Legen Sie gemeinsam mit den Eltern einen „Höchstbetrag" an Taschengeld fest.

Auch den Themenbereich „Konsequenzen bei grobem Fehlverhalten" sollten Sie erörtern. Nennen Sie Beispiele für grobes Fehlverhalten, wie Drogenkonsum oder wiederholtes Nichtbefolgen von Anweisungen, und stellen Sie mögliche Konsequenzen, wie beispielsweise den Ausschluss von der Klassenfahrt, dar. Sollten Sie bereits im Vorfeld mit dem Gedanken spielen, einen Schüler aufgrund zahlreicher Regelverstöße zuhause zu lassen, benötigen Sie etwa in Niedersachsen für den Ausschluss von der Klassenfahrt den Beschluss der Klassenkonferenz.

TIPP
Holen Sie mehrere Angebote über eine Reiserücktrittsversicherung ein.

In einigen Bundesländern, wie zum Beispiel Niedersachsen, sind Sie verpflichtet, den Eltern ein Angebot bezüglich einer Reiserücktrittsversicherung zu machen. Sie sollten den Eltern dringend empfehlen, von einer Reiserücktrittsversicherung Gebrauch zu machen. Schließlich übernehmen die meisten Versicherungen nicht nur im Krankheitsfall die Kosten, sondern auch dann, wenn ein Schüler die Klasse wiederholen muss und deshalb nicht mehr an der Fahrt teilnehmen kann.

Sie haben sich auf dem Elternabend auf ein Ziel geeinigt: Herzlichen Glückwünsch! Sie haben den ersten Schritt in Richtung erster eigener Klassenfahrt erfolgreich gemeistert. Als nächstes müssen Sie einen Vertrag mit der Jugendherberge schließen. Beachten Sie, dass Sie in einigen Bundesländern, wie zum Beispiel Niedersachsen, nicht den Vertrag unterschreiben dürfen, sondern nur Ihr Schulleiter. Auch können Sie zu diesem Zeitpunkt bereits einen Dienstreiseantrag stellen. Zudem sollten Sie ein Schreiben an die Eltern aufsetzen, in dem diese ihr Kind verbindlich anmelden und sich bereit erklären, alle anfallenden Kosten der Klassenfahrt zu übernehmen. Diesem Anschreiben sollten Sie noch weitere Anlagen, wie zum Beispiel einen Gesundheitsbogen, die Zustimmung zu medizinischer Erstversorgung bzw. zu ärztlicher Versorgung im Notfall, hinzufügen. Falls noch nicht geschehen, sollten Sie sich nach einem Kollegen umschauen, der bereit ist, als Begleitung mitzufahren. Am besten ist es natürlich, wenn der betreffende Kollege auch in Ihrer Klasse unterrichtet und somit auch die Schüler kennt. Ein Muss ist das allerdings nicht! Sie können im Vorfeld auch Ihre Klasse fragen, wen sich Ihre Schüler als Begleitung wünschen. Ganz wichtig ist aber, dass Sie mit dem Kollegen auskommen. Es gibt auf einer Klassenfahrt kaum etwas Schlimmeres, als wenn sich die begleitenden Lehrer ständig streiten. Das werden dann auch die Schüler mitbekommen und im schlimmsten Fall versuchen diese, Sie gegen Ihren Kollegen auszuspielen. Daher nehmen Sie nur den Kollegen mit, mit dem Sie sowohl menschlich als auch pädagogisch auf einer Wellenlänge liegen.

TIPP
Rechtlicher Aspekt: Soweit Mädchen an einer Klassenfahrt teilnehmen, muss auch eine weibliche Begleitperson mitfahren.

Als nächstes sollten Sie Kontakt zu den Elternvertretern aufnehmen, damit ein Klassenfahrtskonto eingerichtet wird. Diese Aufgabe können Sie an die Elternvertreter delegieren. Diese sind dann auch in der Verantwortung, den Zahlungseingang zu überwachen und die anstehenden Überweisungen termingerecht durchzuführen. Ob Sie ein Anschreiben mit der Kontonummer sowie der Frist für die Anzahlung bzw. für den Restbetrag verfassen oder ob die Elternvertreter diese Aufgabe übernehmen, sollten Sie auf jeden Fall mit den Verantwortlichen klären.

TIPP
Sammeln Sie Fragen und klären Sie diese.

Wenige Wochen vor der Fahrt sollten Sie noch einmal die Eltern zu einem Elternabend einladen, damit Sie noch Informationen weitergeben können bzw. den Eltern die Möglichkeit gegeben wird, noch Fragen zu stellen.

Es bietet sich an, noch einmal kurz vor der Fahrt einen Informationsbrief an die Eltern zu geben. Dieser Brief sollte mindestens folgende Informationen enthalten:

- Name, Anschrift, Telefonnummer und E-Mail der Jugendherberge;
- eine Telefonnummer, unter der man Sie im Notfall erreichen kann;
- die Abfahrtszeit sowie die voraussichtliche Ankunftszeit;
- benötigte Kleidung, wie zum Beispiel festes Schuhwerk oder Fahrradhelm;
- Höhe des Taschengeldes;
- Gegenstände, die nicht mitgenommen werden dürfen.

Informieren Sie, falls Sie es noch nicht getan haben, die anderen Kollegen, die in Ihrer Klasse unterrichten, über den Termin der Klassenfahrt. So kann verhindert werden, dass Klassenarbeiten in der Woche der Fahrt angesetzt werden bzw. sofort am Montag danach die nächste Mathematikarbeit geschrieben wird.

Sobald Sie von der Jugendherberge die Zahl der Betten pro Zimmer erfahren haben, sollten Sie sich an die Verteilung der Zimmer begeben. Wir empfehlen Ihnen, diese für viele Schüler sehr wichtige Frage noch vor Fahrtantritt zu klären. Notieren Sie sich, wer mit wem auf ein Zimmer geht. So können Sie sich Streitereien nach der Ankunft in der Jugendherberge ersparen.

Auch über das „Abendprogramm" sollten Sie sich im Vorfeld bereits Gedanken machen. So können Sie beispielsweise mit jüngeren Schülern eine Nachtwanderung durchführen oder mit älteren Schülern einen Diskoabend veranstalten.

Ein wichtiger Punkt ist auch die Medikamentengabe. Als Lehrer dürfen Sie nur in Absprache mit den Eltern Schülern Medikamente verabreichen. Sie müssen sich deshalb von diesen schriftlich bestätigen lassen, dass Sie befugt sind, Schüler X eine bestimmte Arznei zu verabreichen.

Wenn Sie von der Klassenfahrt wieder zurück sind, gönnen Sie sich – falls möglich – ein oder zwei Tage der Erholung. Denn aufgrund unserer Erfahrung wissen wir, dass man als Lehrer dort nicht immer den benötigten Schlaf bekommt. Danach sollten Sie aber bald mit der Nachbereitung der Klassenfahrt beginnen. Dazu gehört, dass Sie eine detaillierte Abrechnung erstellen und diese den Eltern präsentieren und anschließend das übrige Geld zurückzahlen. Kleinere Beträge können auch – falls die Eltern ihre Zustimmung geben – aufs Klassenkonto eingezahlt werden. Sie sollten sich überlegen, ob Sie im Anschluss an die Fahrt noch zu einem Elternabend einladen, bei dem die Fotos, die während der Fahrt geschossen wurden, präsentiert werden. Das wäre auch eine gute Möglichkeit, um mit den Eltern ins Gespräch zu kommen und zu erfahren, wie die Schüler zuhause von der Fahrt berichtet haben. Generell sollten Sie die Fahrt noch einmal mit Ihren Schülern reflektieren. Bei dieser „Manöverkritik" geht es darum, herauszufinden, was gut war bzw. welche Verbesserungspunkte es gibt. Anhand der Rückmeldungen können Sie entscheiden, ob Sie diese Fahrt/Jugendherberge anderen Kollegen empfehlen würden. Falls Sie keinen Elternabend durchführen möchten, können Sie die Fotos der Klassenfahrt auch in einer Cloud hochladen und den Eltern einen Link an die Hand geben, damit diese die Möglichkeit haben, einen Blick auf die Fotos zu werfen. Alternativ könnte man noch eine Foto-CD-ROM erstellen.

Abschließend noch einige Worte zu Ihnen und Ihrer Rolle während der Klassenfahrt. Dass Sie für Ihre Klasse verantwortlich sind, und mehr oder weniger rund um die Uhr als Ansprechpartner zur Verfügung stehen sollten, versteht sich von selbst. Das bedeutet aber nicht, dass Sie nicht auch während der Fahrt über „Freizeit" verfügen. Teilen Sie Ihrer Klasse mit, wann Sie eine „Auszeit" nehmen, in der Sie nur im „absoluten Notfall" gestört werden möchten.

Wir wünschen Ihnen jetzt schon eine schöne erste Klassenfahrt ohne unerwartete Zwischenfälle.

Checkliste Klassenfahrt	
zu erledigen	**erledigt**
ein Jahr vor der geplanten Fahrt	
Termin mit der Schulleitung/ggf. Kollegen der Parallelklassen absprechen	
Fahrtenerlass lesen	
mögliche Ziele mit den Schülern besprechen	
erste Anfragen bei Jugendherbergen stellen	
auf einem Elternabend über mögliche Zielorte sowie Kosten sprechen	
Elternbrief aufsetzen und sich von den Eltern die Kostenübernahme bestätigen lassen	
Jugendherberge und Transport buchen/ggf. Reiserücktrittsversicherung abschließen	
zwei Monate vor der Fahrt	
in der Jugendherberge nach der Zimmerbelegung fragen	
auf einem zweiten Elternabend über Verhalten während der Klassenfahrt, Konsequenzen bei Regelverstößen, Taschengeld, Handynutzung sprechen	
mit den Schülern über Verhalten während der Klassenfahrt, Konsequenzen bei Regelverstößen, Taschengeld, Handynutzung sprechen	
einen Monat vor der Fahrt	
zweiten Elternbrief verfassen: Eltern bestätigen ihr Einverständnis für sportliche Aktivitäten, wie zum Beispiel Schwimmen, sowie Bewegen in Kleingruppen, Informationen bezüglich gesundheitlicher Einschränkungen sowie Lebensmittelunverträglichkeiten	
vor der Fahrt	
Buchungsunterlagen/Einverständniserklärungen/Erste-Hilfe-Koffer/ Notfallnummern der Eltern/Jugendherbergsausweis mitnehmen	
Krankenkassenkarten der Schüler einsammeln	

Abb. 16: Muster Checkliste Klassenfahrt

Verbindliche Anmeldung zur Klassenfahrt der Klasse 7a
Einverständniserklärungen zur Klassenfahrt

Name des Kindes: ____

Hiermit bestätige ich, dass ich die auf dem Elternabend vom ______ beschlossenen Regeln für die Klassenfahrt kenne und akzeptiere.

____
(Ort, Datum Unterschrift eines Erziehungsberechtigten)

Ich bin damit einverstanden, dass ich mein Kind im Falle von gravierenden Verstößen gegen die vereinbarten Regeln, wie zum Beispiel Drogen-, Zigaretten- sowie Alkoholkonsum oder dem wiederholten Nichtbefolgen der Anweisungen der Lehrkräfte, vorzeitig vom Ort der Klassenfahrt abhole und die dabei entstehenden Kosten selbst trage bzw. falls dies nicht möglich sein sollte, willige ich ein, dass mein Kind mit Begleitung durch eine Lehrperson auf meine Kosten frühzeitig nach Hause geschickt werden darf. Ich erkläre mich dazu bereit, alle anfallenden Kosten der begleitenden Lehrperson zu übernehmen.

____
(Ort, Datum Unterschrift eines Erziehungsberechtigten)

Hiermit gestatte ich meinem Kind, dass es unter Berücksichtigung der Vorgaben der Lehrpersonen zeitlich und örtlich begrenzte, angemessene eigene Aktivitäten in einer Kleingruppe (mindestens drei Schüler) unternehmen darf.

____
(Ort, Datum Unterschrift eines Erziehungsberechtigten)

Hiermit erteile ich den begleitenden Lehrkräften die Genehmigung, meinem Kind nach Hinzuziehung eines Arztes jede notwendige medizinische Versorgung zukommen zu lassen bzw. es in ein Krankenhaus einzuweisen, falls die Erziehungsberechtigten kurzfristig nicht erreicht werden können.

____
(Ort, Datum Unterschrift eines Erziehungsberechtigten)

Mein Kind hat folgende Krankheiten/Allergien:

____

Folgendes ist zu beachten: ____

____
Ansprechpartner im Notfall:
Name:
Notfallnummer:

Abb. 17: Muster Einverständniserklärung Klassenfahrt

Realschule Musterhausen Musterhausen
Musterstraße 1
11111 Musterhausen

Sehr geehrte Eltern der Schülerinnen und Schüler der Klasse 7a,
wie auf dem Elternabend vom ____________ besprochen, wird unsere Klassenfahrt vom ______ bis zum ___________ nach _________________ gehen. Als Unterkunft ist die Jugendherberge/das Hotel _____________ vorgesehen. Die Anreise erfolgt mit dem Bus/mit der Bahn.
Die Kosten für Fahrt, Unterkunft, volle Verpflegung, Reiserücktrittsversicherung und Eintritte betragen voraussichtlich __________ Euro. Weitere Informationen bezüglich der Klassenfahrt, wie zum Beispiel Abfahrt- und Ankunftszeiten, Taschengeld, Gepäck, Disziplinar-, Haftungs- und Aufsichtsfragen), erhalten Sie auf einem weiteren Elternabend, der wenige Wochen vor unserer Fahrt stattfinden wird.

Für die weitere Planung benötige ich von Ihnen eine durch Ihre Unterschrift verbindliche Anmeldung Ihres Kindes zur Klassenfahrt. Zudem brauche ich noch eine schriftliche Bestätigung von Ihnen, dass Sie die vereinbarten Kosten übernehmen werden.
Da ich gegenüber der Jugendherberge/dem Reiseveranstalter zu einer Anzahlung verpflichtet bin, bitte ich Sie um eine erste Rate der Fahrtkosten von ________ Euro bis zum _____________.
Überweisen Sie den Betrag freundlicherweise auf folgendes Konto:
Kontoinhaber: IBAN:
Bank: Betreff: Klassenfahrt 7a

Mit freundlichen Grüßen

____
(Klassenlehrer)

✂ -
Rückgabe der Anmeldung bis **zum 1. September** beim Klassenlehrer!

Name des Kindes: ____

Hiermit melde ich mein Kind____________________ verbindlich für die Klassenfahrt
nach ____ vom ________ bis ________ an.

Mein Kind______________________________ darf nicht an der Klassenfahrt teilnehmen.
Grund: ____
____

Zugleich erkläre ich mich dazu bereit, die vereinbarten Kosten in Höhe von _________________ Euro zu übernehmen. Ich weiß, dass ich auch bei einem kurzfristigen Rücktritt vor dem Reisetermin die Kosten zu tragen habe.

____
(Ort, Datum Unterschrift eines Erziehungsberechtigten)

Abb. 18: Muster Verbindliche Anmeldung zur Klassenfahrt

AUSGABE VON MEDIKAMENTEN

Hiermit gestatte ich, dass Herr/Frau ______________________ meinem Kind ______________
folgendes Medikament ________________________________ aushändigt.

Mir ist bekannt, dass es sich bei der Ausgabe des Medikaments ausschließlich um eine Gefälligkeit handelt, aus der weder gegenüber der Lehrkraft noch der Schule Ansprüche abgeleitet werden können. Ein Verwahrungsvertrag wird nicht abgeschlossen.

Ich weiß, dass die Lehrkraft auch einmal die Ausgabe des Medikaments vergessen kann bzw. nicht daran denkt, mein Kind an die Einnahme zu erinnern. Ich bin bereit, dieses Risiko zu tragen. (Handschriftlich darunter: Gelesen und einverstanden)

....

„Gelesen und einverstanden" Datum, Unterschrift

Abb. 19: Muster Medikamentenausgabe

Aufgabe	erledigt
Buchungsbestätigung, Adresse, Telefonnummer der Unterkunft	
ggf. DJH-Mitgliedsausweis	
ggf. Eintrittskarten, Fahrkarten ...	
ggf. abgestempelte Schulbescheinigung (zum Beispiel für den ermäßigten Eintritt ins Schwimmbad oder ins Museum)	
Liste mit (Notfall-)Telefonnummern der Eltern	
Liste mit wichtigen Informationen zu einzelnen Schülern (Allergien, Einnahme von Medikamenten, Essensgewohnheiten, Nichtschwimmer)	
Erste-Hilfe-Tasche	
ggf. Sportgeräte, wie zum Beispiel Bälle, Federballschläger, Frisbeescheibe ... für die Freizeit	
ggf. Vorlesebuch	
ggf. Gesellschafts- bzw. Kartenspiele	
ggf. Urkunden, zum Beispiel für das sauberste Zimmer	

Abb. 20: Packliste für Lehrer

3.6 Einen Wandertag planen und durchführen

Für manche Kollegen stellt ein Wandertag eine Art „Miniklassenfahrt" dar. Dieser Vergleich ist gar nicht so abwegig, schließlich weist die Vorbereitung des Wandertages viele Ähnlichkeiten mit der Planung einer Klassenfahrt auf. Zunächst einmal erkundigen Sie sich, ob es einen zentralen Wandertag an der Schule gibt oder ob man diesen Tag „frei" festlegen kann. Auch sollten Sie sich in Bezug auf die Kosten und mögliche Ziele bei Ihrer Schulleitung bzw. erfahrenen Kollegen informieren. Es gibt beispielsweise Schulen, an denen ist die Fahrt in einen Freizeitpark nicht gestattet. Wenn Sie bei der Planung freie Hand haben sollten, suchen Sie das Gespräch mit ihren Schülern und legen Sie gemeinsam mit ihnen ein Ziel fest. Sie können aber auch den Schülern verschiedene Ziele vorschlagen, aus denen sich die Schüler eines aussuchen können.

TIPP
Bei einer Fahrt in eine größere Stadt bietet es sich an, wenn ältere Schüler selbst einen Teil der Stadtführung übernehmen und ihre Mitschüler über ausgewählte Sehenswürdigkeiten informieren.

Auswahl möglicher „Ziele" für einen Wandertag:

- Fahrradtour mit anschließendem Grillen (ab Klasse 4);
- Besuch eines Schwimmbads;[1]
- Paddeltour oder Kanufahrt (ab Klasse 7);[1]
- Besuch einer Wasserskianlage (ab Klasse 7);[1]
- Besuch einer Minigolfanlage/Bowlingbahn (ab Klasse 4/5);
- Besuch einer größeren Stadt mit Stadtführung (ab Klasse 4);
- Besuch eines Zoos bzw. Tierparks (ab Klasse 2).

Wenn Sie sich für ein Ziel entschieden haben, informieren Sie die Eltern mit einem Elternbrief oder auf einem Elternabend über Ihr Vorhaben.

Eine Radtour organisieren

Sollten Sie sich dafür entscheiden, mit dem Rad unterwegs zu sein, sollten Sie auf folgende Dinge achten: Informieren Sie sich über die Strecke. Am besten fahren Sie selbst mindestens einmal die Strecke ab. Dies ist nicht nur sinnvoll, damit Sie den Weg kennen, sondern um auch über mögliche Gefahrenstellen Bescheid zu wissen. Zudem können Sie nach Orten Ausschau halten, an denen Sie eine Pause machen können. Denken Sie in diesem Zusammenhang auch daran, dass es dort möglichst Sanitäranlagen geben sollte.

Teilen Sie den Eltern entweder auf einem Elternabend oder durch einen Elternbrief mit, dass jeder Schüler sowohl über ein verkehrssicheres Fahrrad verfügen als auch während der Radtour ei-

1 Achtung: Falls Sie über keinen DLRG-Rettungsschein verfügen sollten, brauchen Sie noch mindestens eine zweite Aufsichtsperson, die über diesen Schein verfügt.

nen Helm tragen muss. Erkundigen Sie sich auch danach, ob noch jemand ein Ersatzrad bzw. einen Ersatzhelm stellen kann. Des Weiteren sollten Sie bei den Eltern anfragen, ob jemand bereit ist, mit einem „Pannenwagen“ hinter der Gruppe herzufahren. Dies ist sinnvoll, falls während der Tour ein Rad kaputt geht und es sich nicht vor Ort reparieren lässt.

Für eine Radtour brauchen Sie Begleitung. Sprechen Sie gezielt Kollegen an, ob diese Sie und Ihre Klasse begleiten wollen. Kurz vor der Fahrt sollten Sie mit dem jeweiligen Kollegen die Radtour genau besprechen. Dazu gehört nicht nur eine Erläuterung der Wegstrecke einschließlich möglicher Gefahrenstellen, sondern auch das Verhalten bei einer Panne oder Ähnlichem.

Einige Tage vor der Radtour sollten Sie mit Ihrer Klasse ausführlich über das Verhalten während der Radtour sowie mögliche Gefahrenstellen auf der Wegstrecke sprechen und diese Erläuterung im Klassenbuch dokumentieren. Für die Radtour sollten Sie unbedingt eine Karte bzw. ein Handy mit Navigationsapp, Flick-, Werk- sowie Verbandszeug mitnehmen. Kontrollieren Sie vor Fahrtbeginn, ob die Räder verkehrssicher sind und dass alle Schüler einen Fahrradhelm dabeihaben.

TIPP
Tragen Sie während der Fahrt eine Warnweste.

Bevor Sie starten, geben Sie die letzten Anweisungen wie zum Beispiel, dass kein Schüler Sie überholt oder Ähnliches. Sie und Ihr Kollege sollten am Anfang sowie am Ende der Gruppe fahren. Wir wünschen Ihnen noch eine erlebnisreiche Radtour ohne negative Überraschungen!

Oberschule Musterhausen
Musterstraße 1
11111 Musterhausen

Musterhausen, 12.03 ...

Verbindliche Anmeldung zum Tagesausflug der Klasse 8b

Sehr geehrte Eltern und Erziehungsberechtigte der Schülerinnen und Schüler der Klasse 8b,

wie auf dem Elternabend vom ____________ besprochen, wird unser Tagesausflug am ________ nach ______________ gehen. Wir fahren um ____ Uhr an der Schule los und werden voraussichtlich um ______ Uhr wieder zurück an der Schule sein.

Wie besprochen, werden wir mit dem Fahrrad nach X fahren. Während der Radfahrt muss jeder Schüler einen Fahrradhelm tragen. Sorgen Sie bitte dafür, dass das Rad Ihres Kindes technisch einwandfrei und verkehrssicher ist, und bestätigen Sie dies durch Ihre Unterschrift auf dem Zettel.

Mit freundlichen Grüßen
(Klassenlehrer)

✂ -

Rückgabe der Anmeldung bis zum 20. März beim Klassenlehrer!

Name des Kindes: ____
Hiermit bestätige ich, dass mein Kind am Tagesausflug nach X teilnehmen darf.
Des Weiteren versichere ich, dass sich das Rad meines Kindes in einem technisch einwandfreien Zustand befindet und der Straßenverkehrszulassungsverordnung (StvzO) entspricht.

____

(Ort, Datum Unterschrift eines Erziehungsberechtigten)

Abb. 21: Muster Anmeldung Tagesausflug

4 Qualitäten eines guten Lehrers

Was unterscheidet einen „guten" von einem „schlechten" Lehrer? Das ist fast schon eine philosophische Frage und es gibt bestimmt Leser, die der Auffassung sind, dass man diese Frage gar nicht beantworten könnte. Wir sind da anderer Auffassung. Wenn man sich fragt, was „gut" bzw. „schlecht" in diesem Kontext bedeutet, so wird man feststellen, dass es vor allem bestimmte Eigenschaften sind, die über die „Güte" einer Lehrkraft etwas aussagen. Zu den positiven Eigenschaften, die einen „guten" Lehrer auszeichnen, zählen beispielsweise:

- Fachkompetenz,
- pädagogisches „Händchen",
- Verbindlichkeit,
- kommunikative Kompetenz,
- Verlässlichkeit,
- Durchsetzungsfähigkeit,
- Begeisterungsfähigkeit.

Im Folgenden sollen diese Eigenschaften genauer erläutert werden. Beginnen wir mit dem ersten Punkt: der Fachkompetenz.

Schüler A: „Herr X, im Buch steht das aber ganz anders, als Sie uns das gerade erklärt haben." Das kann passieren ... Da hilft auch die Entschuldigung nicht, dass Sie aufgrund der gestrigen Dienstbesprechung keine Zeit hatten, die heutige Stunde vernünftig vorzubereiten. Zu oft sollten Sie nicht in solch eine Situation geraten. Ansonsten könnten Sie bald sowohl bei den Schülern als auch den Eltern als fachlich inkompetent gelten und das sollte natürlich vermieden werden. Daher ist es gerade für Sie als Berufseinsteiger besonders wichtig, gut vorbereitet in den Unterricht zu gehen. Eine nachlässige Unterrichtsvorbereitung kann sich sonst sehr schnell rächen. Zumal Sie im Gegensatz zu den gestandenen Kollegen noch nicht über so viel Berufserfahrung verfügen und viele Themen zum ersten Mal unterrichten und daher nicht über so einen großen Erfahrungsschatz verfügen. Zu einer guten Vorbereitung gehört zum Beispiel, dass Sie den Stoff fachlich durchdrungen haben und somit in der Sache sicher sind. Daher sollten Sie Nachfragen der Schüler auch nicht verunsichern. Auch mit den Aufgabenstellungen sowie den Lösungen haben Sie sich intensiv auseinandergesetzt. Folglich können Sie den Schülern mit fundiertem

Fachwissen zur Seite stehen, wenn Fragen bezüglich der Aufgaben gestellt werden. Ideal ist es, wenn Sie die Ergebnisse der Schüler auch ohne Lösungsbuch auf ihre Richtigkeit hin überprüfen können. Zur Fachkompetenz gehört aber auch, dass Sie den Schülern verdeutlichen, dass man bei Ihnen ganz viel lernen kann. Das können Sie den Schülern besonders gut zu Beginn und zum Ende einer Stunde vermitteln. Stellen Sie Ihren Schülern zu Beginn einer Stunde vor, was diese heute alles in Ihrem Unterricht lernen können. Durch diese Stundentransparenz machen Sie den Schülern zudem klar, dass Sie sich sehr gut auf die heutige Stunde vorbereitet haben und dass eine Menge Stoff auf dem Plan steht, der im heutigen Unterricht zu bewältigen ist. Gleichzeitig verdeutlichen Sie den Schülern auch, dass Sie von ihnen eine engagierte Mitarbeit erwarten und dass Unterrichtsstörungen kontraproduktiv sind. Falls die Schüler nicht bereit sind, konstruktiv im Unterricht mitzuarbeiten, können Sie in solch einem Fall auch eine etwas längere Hausarbeit legitimieren. Schließlich haben Sie ja zu Beginn der Stunde erläutert, was heute alles erarbeitet werden soll und falls die Schüler nicht dazu im Unterricht bereit sind, müssen sie sich zuhause mit den Inhalten auseinandersetzen. Dass man in Ihrem Unterricht sehr viel lernt, können Sie den Schülern auch dadurch verdeutlichen, dass diese am Ende einer jeden Stunde die wichtigsten Inhalte in ihrem Heft bzw. in ihrer Mappe stehen haben. Vor allem das Zusammenfassen und Aufschreiben der wesentlichen Unterrichtsinhalte zeigt den Schülern noch einmal, was sie heute alles bei Ihnen gelernt haben. Fordern Sie die Schüler am Ende der Stunde auf, ihren Lernzuwachs zu artikulieren. Folgende Impulse helfen Ihnen dabei:

TIPP
Vermitteln Sie den Schülern das Gefühl, dass man bei Ihnen besonders viel lernt!

- Das habe ich heute über das Thema X gelernt.
- Leicht am heutigen Thema fand ich …
- Nach der heutigen Stunde habe ich besser verstanden, …

Falls Sie die niederschmetternde Antwort „Ich habe nichts dazugelernt" erhalten, ist dies zwar sehr ärgerlich, bedeutet aber auch, dass Sie bei Ihrer Unterrichtsplanung dringend etwas ändern müssen. Sie sollten sich nicht scheuen, in diesem Kontext nach den Ursachen zu fragen. Schließlich wollen Sie, dass nach der nächsten Stunde eine andere Antwort von den Schülern gegeben wird. Sie können am Ende der Stunde aber auch noch auf Verständnisschwierigkeiten eingehen. Dafür eignen sich z. B. Impulse wie:

TIPP
Rückmeldungen von den Schülern helfen Ihnen, Ihren Unterricht weiter zu optimieren.

- Schwierig am heutigen Thema fand ich, …
- Diese Frage zum Thema habe ich noch …
- Am Ende der Stunde ist mir noch nicht klar, warum …

Warum ist die Kontrolle von Hausaufgaben wichtig?

Für Schüler ist auch Verbindlichkeit von großer Bedeutung. Wenn Sie als Lehrer Hausaufgaben aufgeben, müssen Sie nicht nur kontrollieren, ob alle auch die Aufgaben angefertigt haben, sondern auch inhaltlich besprechen. Das klingt für Sie jetzt vielleicht sehr banal. Im Schulalltag haben wir jedoch schon häufig erlebt, dass Kollegen nicht mehr wussten, dass sie überhaupt eine Hausaufgabe gestellt hatten, geschweige denn die Hausaufgabe kontrolliert und besprochen haben. Solche Nachlässigkeiten rächen sich in der Regel. Sie sind für die Schüler ein Vorbild. Wenn Sie sich nachlässig im Umgang mit Hausaufgaben verhalten, dann signalisieren Sie Ihren Schülern, dass Ihnen die Hausaufgaben auch gar nicht so wichtig sind. Das führt dann häufig dazu, dass Schüler dazu neigen, die Aufgaben gar nicht oder nur oberflächlich anzufertigen. Fragt man Schüler, warum sie die Hausarbeiten nicht erledigt haben, bekommt man häufig folgende Antwort: „Herr X kontrolliert nie die Hausaufgaben." Damit geht der Übungs- und Festigungscharakter, der Sinn und Zweck von Hausaufgaben ist, verloren.

Weshalb sollten Sie pünktlich sein?

Die Vorbildfunktion gilt übrigens nicht nur für die Hausaufgaben, sondern auch für das Thema „Pünktlichkeit". Wenn Sie regelmäßig zu spät in den Unterricht gehen, wird das von den Schülern registriert und führt häufig dazu, dass auch die Schüler später zum Unterricht erscheinen. Wenn Sie dann einmal pünktlich erscheinen und Ihre Schüler auf das Zuspätkommen ansprechen, müssen Sie sich nicht wundern, wenn Sie als Erklärung folgende Antwort erhalten: „Was regen Sie sich eigentlich auf? Sie kommen doch sonst auch immer zu spät zum Unterricht!" Sie sehen also, wie wichtig Ihre Vorbildfunktion ist. Seien Sie vor allem bei diesen Alltagsdingen für Ihre Schüler ein Vorbild! Sie haben dann auch eine ganz andere Basis, um das Fehlverhalten der Schüler zu sanktionieren. Wer selbst ständig zu spät kommt, wirkt unglaubwürdig, wenn er seine Schüler für das verspätete Erscheinen im Unterricht zur Rechenschaft ziehen möchte. Damit sind Konflikte und Auseinandersetzungen mit Schülern bzw. Eltern vorprogrammiert.

TIPP
Seien Sie für Ihre Schüler ein Vorbild!

Neben der Verbindlichkeit ist auch die Verlässlichkeit eine Eigenschaft, die einen „guten" Lehrer charakterisiert. Verlässlichkeit bedeutet im Schulalltag, dass Sie vereinbarte Dinge auch tatsächlich so handhaben bzw. umsetzen. Ein einfaches Beispiel ist die Rückgabe von Klassenarbeiten. Wenn Sie in der Klasse verkünden, dass es am nächsten Dienstag die Klassenarbeit zurückgibt, dann müssen Sie diese spätestens auch an diesem Termin zurückgeben. Sollten Sie dies nicht tun, gelten Sie bei vielen Schülern als unzuverlässig. Das Vertrauen der Schüler bezüglich ihrer Person sinkt. Sie müssen in diesem Zusammenhang bedenken, dass zwar viele Schüler nach den Sommerferien die Binomischen Formeln, die Funktion des Konjunktivs oder die Formel von Salzsäure vergessen haben, aber sich erstaunlicherweise gut daran erinnern können, dass Sie es vor den Ferien nicht mehr geschafft haben, das versprochene Eis auszugeben. Schüler haben in den Dingen, die sie persönlich betreffen, ein bemerkenswertes Gedächtnis. Wundern Sie sich nicht, wenn Sie bei der Abschlussfeier noch auf Ereignisse aus der 5. Klasse angesprochen werden, die Sie längst vergessen haben.

Wie geht man mit Regelverstößen von Schülern um?

Ein weiterer Bereich, in dem Verlässlichkeit von besonderer Bedeutung ist, ist der Umgang mit den vereinbarten Klassenregeln. Sie als Lehrer sind dafür verantwortlich, dass die Regeln auch eingehalten und Verstöße entsprechend geahndet werden. Konkret bedeutet das, dass Sie bei Regelverstößen alle Schüler gleichbehandeln und keine unbegründeten Ausnahmen zulassen sollten. Im Schulalltag erlebt man aber regelmäßig das Gegenteil. Ein Schüler stört mehrmals in einer Stunde den Unterricht. Der Lehrer ermahnt ihn nur. Weitere Konsequenzen erfolgen nicht. Als dann ein anderer Schüler den Unterricht zum ersten Mal stört, reagiert der Kollege sehr verärgert und will ihn vor die Tür schicken. Der Schüler weigert sich, den Raum zu verlassen und eine heftige Diskussion entbrennt. Dies ist ein Negativbeispiel für fehlende Verlässlichkeit. Hätte der Lehrer auch den ersten Schüler sofort nach der ersten Störung des Klassenraums verwiesen, wäre der Konflikt eventuell nicht entstanden. Da der Kollege jedoch inkonsequent gehandelt hat, akzeptiert der zweite Schüler die Sanktion nicht. Sie sehen an diesem Beispiel, wie wichtig Verlässlichkeit im Schulalltag ist. Sie müssen als Lehrer für ihre Schüler berechenbar sein. Wenn man dies nicht ist, heute Regelverstöße akzeptiert und morgen bei Verstößen hart durchgreift, verwirrt man durch dieses inkonsequente Verhalten die Schüler. Diese wissen nicht, wie sich der Lehrer heute verhalten wird. Das fördert zum einen die Neigung, auszuprobieren, wie weit man gehen kann und zum anderen sinken der Respekt und die Achtung, die man dem Lehrer entgegenbringt. Um dies zu verhindern, müssen Sie für Schüler in Ihrem Verhalten verlässlich sein. Für die Schüler muss klar sein, dass Sie dafür sorgen, dass Vereinbarungen auch konsequent umgesetzt werden.

Die Fähigkeit, sich durchzusetzen, zeichnet ebenfalls einen guten Lehrer aus. Dies soll am folgenden Beispiel veranschaulicht werden. Schüler X: „Können wir heute nicht einen Film gucken?" Lehrer A: „Nein, wir wollen uns heute weiter mit dem Aufbau einer Erörterung beschäftigen."

Schüler X: „Sie sind total gemein! Frau B guckt in der Nachbarklasse auch einen Film." Schüler Y bestärkend: „Sie sind der einzige Lehrer, bei dem man kurz vor den Sommerferien noch richtigen Unterricht machen muss. Alle anderen Lehrer schauen Filme oder gehen mit uns Eis essen." Lehrer A entnervt: „O.K. Wenn das alle machen, dann gucken wir jetzt auch einen Film. Hat jemand zufällig einen Film dabei?"

TIPP
Bleiben Sie als Lehrer standhaft: „Nein heißt nein."

Die Schüler haben sich mit ihrem Wunsch, einen Film zu schauen, gegen den Lehrer und sein Interesse, den Aufbau einer Erörterung zu behandeln, durchgesetzt. An diesem Beispiel wird deutlich, dass es dem Lehrer nicht gelingt, sein Unterrichtsvorhaben umzusetzen. Er kann den Schülern nicht vermitteln, dass er einen Bildungsauftrag hat. Es kostet auch viel weniger Energie, dem Wunsch der Schüler nachzugeben. Außerdem gibt es viele Kollegen, denen es schwerfällt, mit der „Ablehnung" der Schüler umzugehen. Diese fürchten sich davor, von den Schülern nicht mehr „geliebt" zu werden und merken daher gar nicht, wie sehr sie an Autorität einbüßen. Die Schüler ziehen darauf die einfache Erkenntnis, dass sie nur lange genug bitten und betteln müssen, damit der Lehrer nachgibt. Sie können also davon ausgehen, dass bezogen auf unser Beispiel die Schüler auch in der nächsten Stunde probieren werden, ihren Wunsch, keinen Unterricht machen zu müssen, durchzusetzen und eine Strategie, wie sie ihr Vorhaben in die Tat umsetzen können, haben sie auch schon. Auch wenn es schwerfällt, sollten Sie den Schülern Grenzen setzen. Diese können ihre Wünsche und Vorstellungen nicht immer verwirklichen. Dazu müssen Sie als Lehrer auch einmal „Nein" sagen können und zu diesem „Nein" auch stehen. Ein Tipp an dieser Stelle noch von uns: Generell sollten Sie Wünsche wie zum Beispiel: „Können wir heute nach draußen gehen oder können wir heute einen Film sehen?" zunächst einmal ablehnen. Meistens verfolgen die Schüler mit ihren Wünschen nur ihr eigenes Interesse an weniger Unterricht. Zögern Sie also nicht, wenn Schüler mit Anliegen dieser Art kommen, diese konsequent abzulehnen. Sie werden feststellen, dass zukünftig weniger solche Anfragen an Sie gerichtet werden. Die Schüler lernen aus Ihrem Verhalten, dass es sich bei Ihnen nicht lohnt, nach „Vergünstigungen" zu fragen.

Ein guter Lehrer verfügt über Gesprächsführungskompetenz. Dies soll an folgendem Beispiel dargelegt werden:

Beispiel 1: Gesprächsführungskompetenz

Herr Meyer betritt die Klasse, stellt seine Tasche ab und möchte seine Klasse begrüßen.

Schüler X: „Herr Meyer, ich habe meine Entschuldigung vergessen."

Herr Meyer: „Das ist kein Problem. Aber morgen hast du sie dabei."

Schülerin Y: „Ich muss noch mal nach draußen. Ich habe mein Portemonnaie in meiner Jackentasche."

Herr Meyer: „Wir wollen jetzt mit dem Unterricht anfangen. Du kannst das gleich in der Pause erledigen. Guten ..."

Schüler Z: „Herr Meyer, ich habe mein Deutschbuch vergessen. Bekomme ich jetzt einen Eintrag?"

An diesem Negativbeispiel wird deutlich, dass nicht der Lehrer die Klasse führt, sondern die Schüler. Sein Versuch, die Klasse zu begrüßen, scheitert, da die Schüler ihm ständig ins Wort fallen. Er wird von den Schülern nicht als „Führungsperson" anerkannt.

Warum sind Gesprächsregeln wichtig?

Gerade an der Art, wie Gespräche geführt werden, kann man gut erkennen, wer in der Klasse das Sagen hat. Lassen Sie sich das Heft nicht aus der Hand nehmen. Verdeutlichen Sie Ihren Schülern, dass nur der am Unterrichtsgespräch teilnehmen kann, der vorher ruhig seine Hand gehoben und gewartet hat, bis er von Ihnen aufgerufen worden ist. Wer gegen diese Regel verstößt, muss mit seinem Beitrag warten, bis der letzte Schüler, der sich ruhig gemeldet hat, gesprochen hat. Das Vermitteln von Gesprächsregeln ist daher von elementarer Bedeutung. Ein Gespräch ohne klare Regeln funktioniert in den meisten Fällen nicht. Nebenbei gesagt, vielen Schülern ist es nicht bewusst, dass das Hereinrufen sehr unhöflich ist, besonders wenn Sie als Lehrer etwas sagen wollen. Weisen Sie darauf hin, dass das Einhalten von Gesprächsregeln auch eine Form der Höflichkeit und der Wertschätzung ist. Machen Sie Ihren Schülern klar, dass sich diese auch einmal etwas gedulden müssen und nicht sofort ihren Willen bekommen.

TIPP
Sie legen den Gesprächstermin fest, nicht die Schüler!

Zwei wichtige Punkte, die häufig bei der Gesprächsführung vergessen werden, sind die Zeit und der Ort des Gesprächs. Grundsätzlich legen Sie diese beiden Punkte fest. Entscheidend ist, wann es Ihnen am besten passt. Wenn Ihnen nach einer anstrengenden Doppelstunde der Kopf raucht, Sie Hunger haben und noch in die Aufsicht gehen müssen, dann ist der Wunsch von Schüler A über seine mündliche Note mit Ihnen zu sprechen nachrangig. Anstatt auf sein Anliegen sofort einzugehen, vereinbaren Sie mit ihm einen Termin beispielsweise im Anschluss an die

6. Stunde im Sprechzimmer – falls es so etwas an Ihrer Schule geben sollte. Wichtig ist, dass Sie das Gespräch dann führen, wenn Sie auch wirklich Zeit und Muße dafür haben. Gespräche zwischen Tür und Angel sind häufig nicht zielführend. Deshalb sollten Sie darauf verzichten. Ein gutes Gespräch setzt auch voraus, dass Sie die entsprechenden Unterlagen griffbereit haben. Sollten Ihnen wichtige Informationen nicht vorliegen, führen Sie grundsätzlich kein Gespräch. Aus dem Kopf heraus zu sagen, warum Schüler A eine bestimmte mündliche Note erhalten hat, birgt gewisse Risiken. Wenn Sie sich bei ihrer Begründung irren sollten, weil Sie vergessen haben, einen fachspezifischen Test zu berücksichtigen, können Sie massiv an Glaubwürdigkeit verlieren und ihre Notengebung kann eventuell infrage gestellt werden. Aus diesem Grund sollten Sie sich immer bei Schüleranfragen wegen eines Gesprächs vergegenwärtigen, dass ausschließlich Sie den Zeitpunkt des Gesprächs bestimmen und nicht die Schüler! Für den Schulalltag bedeutet das, dass Ihnen Ihre Pausen heilig sein sollten. Sie brauchen die Zeit, um sich von der letzten Stunde zu erholen, mal kurz abzuschalten, ein nettes Gespräch mit einem Kollegen zu führen ... Alle Schüleranliegen, die nicht „lebensnotwendig" sind, sollten Sie zunächst einmal auf die Zeit nach dem Unterrichtsschluss schieben. Wenn das Anliegen für die Schüler von großer Bedeutung ist, werden sie auch am Ende des Schultags noch einmal zu Ihnen kommen. Nebenbei erfahren Sie auf diese Art und Weise auch, wie wichtig den Schülern das jeweilige Anliegen ist. Oft ist es nämlich so, dass nach Schulschluss die Schüler etwas Besseres vorhaben und die Angelegenheit löst sich in Wohlgefallen auf. Falls der Schüler doch erscheint, sehen Sie, dass ihm die jeweilige Angelegenheit sehr wichtig ist. Nicht nur der Zeitpunkt eines Gespräches ist von Bedeutung, sondern auch der Ort. Ein Gespräch zwischen Ihnen und einem Schüler sollte in einem entsprechenden „Rahmen" stattfinden. Daher raten wir Ihnen davon ab, wichtige Themen, wie zum Beispiel die Erläuterung einer Zensur, während der großen Pause auf dem Pausenhof zu besprechen, wo die übrigen Mitschüler das Gespräch mithören und sich gegebenenfalls einmischen könnten. Ein solches Gespräch sollte – wenn möglich – in einem Besprechungsraum stattfinden, damit Sie sich in aller Ruhe und ungestört mit dem Anliegen des Schülers auseinandersetzen können. Sollten Sie als Kollege mit einem Schüler ein Gespräch führen wollen, sollten Sie dafür sorgen, dass Sie sich nicht allein mit ihm im Raum befinden. Hier ist es ratsam, eine weitere Person, wie zum Beispiel eine Kollegin, mit in den Raum zu nehmen, sodass der Schüler nicht im An-

schluss – vor allem, wenn ihm das Ergebnis des Gesprächs nicht gefällt – behaupten kann, Herr X hat mich beleidigt, geschlagen etc. Sie werden jetzt vielleicht denken, dieser letzte Tipp ist völlig überzogen, wir haben aber leider die Erfahrung machen müssen, dass solche „Behauptungen" tatsächlich im Schulalltag vorkommen können und man als Kollege große Probleme damit bekommen kann, den haltlosen „Vorwurf" zu entkräften.

Ein weiterer Aspekt, der ebenfalls in die Kategorie „Gesprächsführung" einzuordnen ist, ist das Vermeiden von Diskussionen um „Banalitäten". Was passieren kann, wenn man diesen Aspekt nicht beherzigt, soll das folgende Beispiel verdeutlichen.

TIPP
Beenden Sie möglichst schnell Gespräche über Banalitäten.

Beispiel 2: Gesprächsführungskompetenz

Herr M: „Für den Deutschunterricht benötigt ihr ein Heft DIN A25."
Schüler X: „Geht auch DIN A27?"
Herr M: „Ich habe doch gerade gesagt, dass es DIN A25 sein muss."
Schüler X: „Ich war gestern schon in der Stadt und habe aber jetzt nur Hefte DIN A27."
Herr M: „Aber die sind falsch. Der Rand ist viel zu klein. Da kann ich keine Kommentare an den Rand schreiben."
Schüler X: „Aber ich habe jetzt schon ein Heft A27 gekauft. Was soll ich jetzt damit machen?"
Herr M: „Na gut! Ausnahmsweise darfst du dein Heft A27 benutzen."
Schülerin Y: „Ich habe auch schon Hefte gekauft. DIN A21. Kann ich die auch verwenden?"

An dieser Stelle verlassen wir dieses Gespräch. Sie sehen, wie wertvolle Unterrichtszeit durch eine Diskussion über eine Heftgröße verloren geht. Aber nicht nur das. In dieser Diskussion verhält sich die Lehrkraft nicht besonders führungsstark, da sie nachgiebig auf die Anfrage des Schülers reagiert. Es gehört nicht viel Fantasie dazu, sich zu überlegen, wie die Diskussion weitergeht. Auch Schülerin Y möchte kein neues Heft kaufen und wird deshalb ebenfalls versuchen, ihr Anliegen durchzusetzen. Wenn Lehrer X nicht möchte, dass die verschiedenen Hefte im Deutschunterricht benutzt werden, muss er Führungsstärke beweisen und eine solche Diskussion durch ein überzeugendes „Nein! Nur die Nummer 25" zügig beenden.

Ein weiteres Merkmal für einen guten Lehrer ist seine Begeisterungsfähigkeit. Als Lehrer muss man sich sowohl für seine Fächer und deren Inhalte sowie für die Schüler interessieren. Sie sind

TIPP
Strahlen Sie Interesse am jeweiligen Thema aus!

schließlich das Vorbild. Von Ihnen muss der Funken der Begeisterung auf die Schüler überspringen und nicht umgekehrt. Sie müssen den Schülern verdeutlichen, dass es in den nächsten 45 bzw. 90 Minuten nichts Spannenderes als Schillers Gedicht „Die Glocke" oder die Demokratie im alten Griechenland gibt. Kommen Sie aber schon missmutig zu Beginn der ersten Stunde in den Klassenraum geschlurft und begrüßen Sie die teilweise noch müden Schüler mit den Worten: „Wir müssen heute wieder ein Gedicht von Schiller interpretieren. Ich weiß, ihr habt auf dieses Thema wenig Lust. Ich übrigens auch nicht.", dann wundern Sie sich nicht, wenn die Stunde ausgesprochen zäh verläuft, sich die Beteiligung der Schüler in Grenzen hält, die Zahl der Unterrichtsstörungen relativ hoch ist und Sie schließlich am Ende der Stunde den Klassenraum verärgert und genervt fluchtartig verlassen. Sie sollten sich immer vor Augen führen, dass Sie sich als Lehrer in gewisser Weise in einer ähnlichen Situation wie ein Handelsvertreter (Animateur) befinden. Sie müssen voller Begeisterung ihr „Produkt" an den Mann bringen.

Was macht ein „pädagogisches Händchen" aus?

Des Weiteren zeichnet ein „pädagogisches Händchen" einen guten Lehrer aus. Darunter versteht man, dass Sie wissen, wie Sie mit Ihren Schülern pädagogisch angemessen umgehen. Wie ein angemessener Umgang aussieht, lässt sich nicht allgemeingültig bestimmen, sondern ist immer von der jeweiligen Klasse bzw. den jeweiligen Schülern abhängig. So werden Sie es im Laufe ihrer Lehrertätigkeit mit Schülern zu tun haben, die Sie aus irgendwelchen Gründen weniger als andere mögen. Sie lassen sich aber diese Einstellung im Umgang mit diesen Schülern nicht anmerken. Es kann aber auch Schüler geben, die Sie gar nicht mögen. Trotzdem gelingt es Ihnen als Lehrkraft, professionell mit dieser Situation umzugehen und auch diese Schüler für eine konstruktive Mitarbeit in Ihrem Unterricht zu motivieren. Zu einem „pädagogischen Händchen" gehört ebenfalls, dass Sie erkennen, wenn es einem Ihrer Schüler nicht so gut geht und er von Ihnen ein paar aufmunternde Worte erhält. Zudem wissen Sie, wann Sie mit den Schülern einen Witz machen können und in welchen Situationen Sie konsequent handeln müssen. Generell lässt sich sagen, dass Sie alle Schüler wertschätzend, fair und gerecht behandeln sollten, damit Sie als Autorität anerkannt werden.

5 Unterrichtsstörungen

In diesem Kapitel stellen wir zunächst Überlegungen allgemeiner Art zum Thema *Unterrichtsstörungen* an, die wir zum Teil aus der Praxis ableiten. Darüber hinaus stellen wir auch theoretische Ansätze in Form von Zitaten vor. Im letzten Teil dieses Kapitels werden konkrete Hilfen und Verhaltensmaßnahmen aufgezeigt, die Ihnen helfen können, störende Schüler im Unterricht zu einer positiven Verhaltensänderung zu bewegen. Dabei ist es wichtig, den betreffenden Schülern Handlungsalternativen aufzuzeigen, da sie sich häufig über lange Zeiträume Verhaltensmuster angeeignet haben, mit denen sie erfolgreich den Unterricht stören.

Das Thema *Unterrichtsstörungen* ist sehr vielschichtig. Die meisten oder wahrscheinlich sogar alle Kollegen werden im Laufe ihres Lehrerlebens damit zu tun bekommen. Je nach Schulform, wird das in unterschiedlicher Qualität der Fall sein. In der Hauptschule werden Unterrichtsstörungen häufiger und massiver vorkommen als auf dem Gymnasium. Wir sagen das ohne Wertung aus Erfahrung.

TIPP
Machen Sie sich bewusst, dass Unterrichtsstörungen ein Teil des Schulalltags sind und nehmen Sie diese nicht zu persönlich.

ERFAHRUNGSBERICHT VON MARC BISCHOFF

KOLLEGIALITÄT UND ORGANISATION

Ich habe einmal zu Beginn meiner Lehrerlaufbahn eine Realschulklasse des fünften Jahrgangs übernommen. Unvoreingenommen und hochmotiviert bin ich in die erste Unterrichtsstunde gegangen. Es machte alles einen guten Eindruck. Das Schulgebäude der Realschule machte sogar einen außergewöhnlich gepflegten Eindruck. Die Kollegen waren sehr zuvorkommend und auch die Schüler schienen ganz nett zu sein.
Als es am Ende der großen Pause zur Stunde klingelte, machten einige Kollegen keine Anstalten, sich in den Unterricht zu begeben. Das ist erstmal nichts so Ungewöhnliches. Ungewöhnlich war aber – was ich aber erst später erfuhr –, dass es fast ausschließlich die Kollegen waren, die in einer fünften Klasse unterrichteten. Die Klassen des fünften Jahrgangs befanden sich alle in einem Flur. Ich erreichte als erster diesen Flur und hatte große Mühe, mir den Weg zu meiner ganz am Ende des Flures befindlichen Klasse zu bahnen. Dieser Flur war sehr schmal und es gab fünf fünfte Klassen. Schallschluckende Elemente hatte man anscheinend beim Bau des Schulgebäudes noch nicht gekannt. Der Lärm war ohrenbetäubend. Die Schüler balgten sich, schrien und tobten. Also schloss ich mit meinem Generalschlüssel auch die anderen Klassenräume auf, sodass es deutlich ruhiger in dem Flur wurde. Das war anscheinend immer so am Ende der großen Pausen und zu Beginn der ersten Stunde. Erst jetzt erschienen die anderen Kollegen. Das Ganze hatte also Methode. Niemand wollte der Erste sein, der diesen Flur betreten musste. Diese chaotische Situation direkt vor dem Unterricht zog sich natürlich in den Unterricht hinein. Die allgemeine Unruhe und Aufregung wurde in den Unterricht transportiert und zog sich weit in die Stunde. Einige Schüler stritten sich zu Beginn der Stunde noch immer lauthals, weil sie sich kurz zuvor gerauft hatten. Schon der Einstieg fiel schwer, weil die Schüler immer noch zappelig waren.

Das Beispiel zeigt, dass es sich um ein lösbares kollegiales sowie organisatorisches Problem handelte. Wenn alle Kollegen pünktlich in ihre Klassen gegangen wären und die Pausenaufsicht dafür gesorgt hätte, dass die Schüler nach der Pause nicht schon zehn Minuten eher zum Klassenraum gehen, hätte man die Situation mit Sicherheit deutlich entzerrt. Wenn man gegen solche Umstände nichts unternimmt, kann das zur Belastung werden.

Manchmal ist es nötig, nicht nur die Unterrichtsstörungen in der Stunde zu betrachten, sondern den Zusammenhang, in dem sie stehen. Auch die Pausenzeiten und die Unterrichtsstunden vor und nach der Stunde, in der dazwischengerufen, gemeckert oder geschimpft wird, haben teilweise direkten Einfluss auf den Verlauf einer Unterrichtsstunde. Deshalb sollten Sie, wenn Sie Ursachen für Unterrichtsstörungen suchen, die Rhythmisierung des ganzen Schultages oder gegebenenfalls auch der ganzen Woche in den Blick nehmen. Die Kollegen müssen natürlich pünktlich in den Unterricht gehen und die Schüler dürfen sich nicht schon gegen Ende der Pause alle in den engen Flur begeben. Es ist ein leicht zu lösendes Problem, aber es muss besprochen werden. Die Kollegen müssen darüber sprechen und eine gemeinsame pädagogische Linie finden.

TIPP
Sollte Ihr Unterricht wiederholt gestört werden, sprechen Sie mit dem Klassenlehrer bzw. den anderen Kollegen darüber.

Wir möchten Sie dazu ermutigen, solche unbefriedigenden Situationen anzusprechen, damit Sie einen guten Start haben. Eine der wirksamsten Methoden, um Unterrichtsstörungen entgegenzuwirken, ist die Absprache mit den Kollegen. Am einfachsten ist es, den Klassenlehrer zu bitten, alle der Klassenkonferenz zugehörigen Lehrer zu einem gemeinsamen Gespräch einzuladen, um über geeignete Erziehungsmittel für einzelne Schüler zu beraten. Wenn alle Kollegen, die den betreffenden Schüler unterrichten, informiert sind und die gleichen pädagogischen Mittel anwenden, ist das viel effektiver, als wenn Sie sich allein um Besserung bemühen. Das kann auch eine kurze Besprechung in der großen Pause sein, vielleicht auch nach Schulschluss oder eine halbe Stunde vor der nächsten Dienstbesprechung, damit Sie nicht einen zusätzlichen Termin dafür brauchen. Das könnte den Kollegen lästig sein.

Wenn Schüler, die häufig den Unterricht stören, wissen, dass alle Lehrer davon erfahren, wird die Hemmschwelle dafür, Blödsinn im Unterricht zu machen, größer. Normalerweise möchten sie es nicht gleich mit allen Kollegen verderben.

Lehrer werden während des Studiums und des Referendariats nur sehr unzureichend auf dieses Thema vorbereitet. In der Ausbildung liegt der Schwerpunkt häufig bei der Methodik und Didaktik, während erzieherische Kompetenzen eher beiläufig behandelt werden. Das ist ein Versäumnis in der Ausbildung. Natürlich wird es in der Theorie oft behandelt, aber in der Praxis bekommen sie wenig damit zu tun, weil sie nicht die schwierigen Lerngruppen bekommen und Unterstützung durch ihren Mentor haben, auch wenn dieser nicht immer im Unterricht zugegen ist.

Bei Unterrichtsbesuchen gibt es normalerweise aufgrund der Prüfungssituation kaum nennenswerte Unterrichtsstörungen, das zeigen unsere Erfahrungen. Die Schüler wissen, dass es sich um eine Prüfungssituation handelt. Wenn der Prüfling ein gutes Verhältnis zu den Schülern aufgebaut hat – und das ist in der Regel der Fall –, helfen die Schüler ihm durch gutes Benehmen und aktive Mitarbeit. Die Schüler sollten dem Lehramtsanwärter wohlgesonnen sein. Dann unterstützen sie ihn auch. Lehramtsanwärter bereiten ihren Unterricht im Hinblick auf Unterrichtsbesuche sorgfältiger vor und bringen häufig neue Ideen in den Unterricht. Die Schüler wissen das zu schätzen.

Kaum hat der Lehramtsanwärter seine letzten Prüfungen absolviert, lernt er vielleicht die ganze Bandbreite an verschiedenen Unterrichtsstörern, die es gibt, kennen. Denn jetzt hat er einen vollen Stundenplan mit ausschließlich eigenverantwortlichem Unterricht. Da gibt es die ewigen Schwätzer, die Klassenclowns und die immer abwesenden Träumer. Es gibt die, die hinter ihrem Rücken mit Papierkügelchen schießen, die, die ihre Füße auf den Tisch legen oder über ihr Smartphone Musik hören.

Außerdem beeinträchtigen Unterrichtsstörungen je nach Häufung und Intensität die Wirksamkeit oder die Effizienz des Unterrichts. Unterrichtsstörungen können dazu führen, dass der Unterricht seinen eigentlichen Sinn verfehlt. Es wird nichts oder kaum noch etwas gelehrt oder gelernt.

Niemand weiß so genau, wo eine Unterrichtsstörung anfängt und an welcher Stelle man als Lehrer darauf reagieren muss. Das liegt im Ermessen des Lehrers. Allerdings sollten Sie als Lehrer auch in Betracht ziehen, dass Schüler von den Unterrichtsstörungen ihrer Mitschüler am Lernen gehindert werden. Auch Schüler reagieren teilweise genervt, wenn der Unterricht immer wieder unterbrochen werden muss, um ein disziplinarisches Problem zu erörtern oder wenn der allgemeine Lärmpegel einfach dauerhaft zu hoch liegt. Das heißt, dass Sie auch bei einer eigenen sehr hoch angelegten Toleranzschwelle für Unterrichtsstörungen auf die Reaktionen der Mitschüler achten sollten. Sie sind also nicht der alleinige Maßstab dafür, wann es gilt, auf eine Unterrichtsstörung zu reagieren. Behalten Sie die gesamte Lerngruppe im Auge.

Einen gänzlich störungsfreien Unterricht gibt es wahrscheinlich gar nicht, auch wenn ich schon manchmal den Eindruck hatte, so einen Unterricht erlebt zu haben.

> „Der ungestörte Unterricht ist eine Fiktion, da Lernen ein komplizierter, psychophysischer Prozess ist, der in hohem Maße störanfällig ist."
>
> (Schaarschmidt, Bauer & Krause 2004)

Jeder Lehrer muss am Ende seine eigene Toleranzgrenze finden, die natürlich auch tagesformabhängig sein kann. Wenn man schlecht geschlafen hat und die Nerven deswegen angespannt sind, reagiert man schneller und gereizter auf Unterrichtsstörungen. Das Befinden des Lehrers darf aber nicht das alleinige Kriterium für die Entscheidung sein, ob eine Unterrichtsstörung vorliegt, auf die er reagieren muss, oder nicht. In der gesamten Lerngruppe sollte jeder einzelne Schüler ungestört lernen dürfen. Alle haben das Recht auf ungestörten Unterricht. Entscheiden Sie also nicht nur im Sinne Ihrer eigenen Befindlichkeit. Ihr Ziel ist es, neben einigen anderen Aufgaben, allen Schülern in der Lerngruppe Wissen oder Kompetenzen zu vermitteln. Deshalb dürfen Unterrichtsstörungen, die das verhindern, nicht zu viel Raum gewinnen. Häufig beanspruchen die Unterrichtsstörer die gesamte Aufmerksamkeit des Lehrers für sich und verhindern so, dass die anderen Schüler zu ihrem Recht auf Unterricht kommen. Das ist ein Umstand der, obwohl er immer wieder benannt wird, unserer Meinung nach zu wenig Berücksichtigung findet.

Welche Arten von Unterrichtsstörungen gibt es?

Es gibt vielfältige Unterrichtsstörungen, die sich im Wesentlichen in folgende Erscheinungsformen unterteilen lassen:

- akustische Störungen – Aggressionen,
- motorische Störungen – geistige Abwesenheit,
- Verweigerung – Verstöße gegen die Hausordnung,
- notorisches verspätetes Erscheinen zum Unterricht.

So unterschiedlich Unterrichtsstörungen in ihrer Qualität und Intensität sein können, so vielfältig sind die Möglichkeiten, ihnen zu begegnen. Es ist also wichtig, genau hinzuschauen, um welche Art von Unterrichtsstörung es sich handelt oder welches der Beweggrund des Schülers oder auch der Schüler für die Unterrichtsstörung ist.

Wir werden zur Vermeidung oder auch zur Reduzierung von Unterrichtsstörungen im Folgenden vier Ansätze darstellen, die auf Erfahrungen basieren, die wir in unserer Lehrerlaufbahn gemacht haben. Leider müssen wir Ihnen auch mitteilen, dass es wenig allgemeingültige Lösungen gibt, die Sie im Sinne einer Gebrauchsanleitung anwenden können. Am Ende dieses Kapitels werden wir getreu dem Ansatz dieses Buches einige konkrete Vorschläge für Handlungsstrategien geben, die Sie in immer mal wieder vorkommenden Unterrichtssituationen, in denen Störungen auftreten, erfahrungsgemäß erfolgreich anwenden können. Das sind reaktive Maßnahmen auf Unterrichtsstörungen, während die folgenden Ansätze A–D prophylaktischer Art sind.

Wie kann man Unterrichtsstörungen begegnen?

A. Rahmenbedingungen in der Klasse und im Klassenraum,
B. Diagnose/Gründe für Unterrichtsstörungen,
C. Unterricht/Organisation des Unterrichts,
D. Konkrete Hilfen und Verhaltensmaßnahmen, die Ihnen helfen können, störende Schüler zu einer positiven Verhaltensänderung zu bewegen.

A. Rahmenbedingungen in der Klasse und im Klassenraum

Wie so häufig, sind eine klare Struktur und genau festgelegte Regeln eine gute Basis, um Unterrichtsstörungen vorzubeugen. Das beginnt mit der Einrichtung des Klassenraums und hört mit klaren Regeln den Unterricht betreffend noch nicht auf.

Unterrichtsstörungen vorzubeugen oder sie zu reduzieren, bedeutet vor allem Beziehungsarbeit und Organisationsarbeit. Um von Ihren Schülern akzeptiert zu werden, ist es wichtig, ein gutes Schüler–Lehrer-Verhältnis aufzubauen. Das geht zum Beispiel über gemeinsame Veranstaltungen wie Klassenfahrten oder Ausflüge. Versuchen Sie nicht, der Kumpel der Schüler zu sein, denn das sind Sie nicht. Es ist sehr wichtig, dass Sie authentisch bleiben. Schüler haben in der Regel ein gutes Gespür dafür, wenn ihnen jemand etwas vorgaukelt.

Die räumlichen und unterrichtlichen Rahmenbedingungen sollen so sein, dass eine angenehme klar strukturierte Lernumgebung entsteht. Ein gut geordneter Klassenraum ist ein Teil einer guten Unterrichtsorganisation und die ist ein Baustein, den Sie brauchen, um einen möglichst störungsfreien Unterricht zu gestalten. Das ist die Basis Ihrer prophylaktischen Maßnahmen, um Unterrichtsstörungen zu vermeiden. Wenn alle Dinge ihren festen Platz haben, die zum Lernen gebraucht werden, unterstützt das eine gute Unterrichtsorganisation. Die benötigten Materialien sind griffbereit, die Tafel ist geputzt und auf dem Fußboden liegen keine Papierschnipsel oder Kaugummis. Richten Sie Ihren Klassenraum so ein, dass es eine klare Ordnung gibt, die die Methodik Ihres Unterrichts unterstützt. Hängeregister für angefertigte Arbeiten sind zum Beispiel sinnvoll, um Ergebnisse von Wochenarbeitsplänen geordnet abzulegen. Jeder Schüler sollte außerdem einen Karteikasten für seine

Arbeitsblätter haben. Manche Lehrer lassen auch von jedem Schüler einen Ordner anlegen, in dem die Klassenarbeiten mit den Berichtigungen abgeheftet werden.

B. Diagnose/Gründe für Unterrichtsstörungen

Auch wenn es nicht immer möglich ist, die Botschaft, die in einer Unterrichtsstörung enthalten ist, zu entschlüsseln, sollten Sie diese zumindest als solche betrachten. Wenn Sie Unterrichtsstörungen grundsätzlich erstmal als Mitteilung oder Botschaft verstehen, lassen Sie sich nicht so schnell dazu hinreißen, diese persönlich zu nehmen. Bleiben Sie auch bei scheinbar persönlich gemeinten Provokationen gelassen. Meistens steckt etwas anderes als ein Angriff gegen Ihre Person dahinter.

Wir sind unserer Erfahrung nach der Meinung, dass der häufigste Grund für Unterrichtsstörungen die *Langeweile* ist. Schüler, die sich langweilen, suchen sich Beschäftigungen. Manche sind dabei sogar sehr kreativ. Sie schreiben Zettel, die sie durch die Klasse wandern lassen, oder sie schießen mit Papierkügelchen. Manche führen weniger laut Privatgespräche mit dem Nachbarn oder auch lauthals quer durch die Klasse mit jemandem am anderen Ende der Klasse. Solche Verhaltensweisen können ein Indiz für Langeweile sein. Es ist natürlich schwer, sich als Lehrer einzugestehen, dass der eigene Unterricht langweilig sein könnte, aber Sie sollten diese Möglichkeit zumindest in Erwägung ziehen.

Die *private Kommunikation* ist gerade für Teenager eine sehr starke Motivation, den Unterricht zu stören. Die Planung des nächsten Wochenendes oder wer mit wem gerade geht, ist aus der Perspektive eines Teenagers natürlich von weitaus größerer Bedeutung als zum Beispiel Kurzgeschichten von Wolfgang Borchert. Die Schule ist für viele Schüler in erster Linie ein Treffpunkt zum Austausch mit Gleichaltrigen. Dessen muss man sich bewusst sein. Hier gibt es häufig Interessenkonflikte aufgrund des schuleigenen Arbeitsplanes, die schwer aufzulösen sind. Manchmal ist es einfach nicht möglich, einigen Schülern den Gegenwartsbezug zu vermitteln.

Außerdem ist noch das *Streben nach Aufmerksamkeit* als starke Motivation für Unterrichtsstörungen zu nennen. Aufmerksamkeit kann auch in Form von Disziplinierungen oder Maßregelungen aus Sicht des Schülers als ein Gewinn betrachtet werden. Jeder kennt diese Situation, wenn der Lehrer sich dem Unterrichtsstörer zuwendet und sei es auch in ärgerlicher Form, während die anderen 20–25 Schüler dem Schauspiel zusehen oder sich einer privaten Beschäftigung zuwenden. Der Unterricht wird unterbrochen und der Unterrichtsstörer bekommt auf seiner selbst geschaffenen Bühne, auf die er den Lehrer zieht, die Aufmerksamkeit, die er möchte. In diesem Moment geht es um ihn und nur um ihn. Statistisch gesehen, darf er im Durchschnitt einen Wortbeitrag pro Stunde leisten, wenn überhaupt. In dem Moment, in dem er mit dem Lehrer einen Konflikt eingegangen ist, kann er unter Umständen ein ausgiebiges Streitgespräch mit ihm führen. Geben Sie dem Schüler Aufmerksamkeit, aber lassen Sie der Auseinandersetzung nicht zu viel Raum. Verlagern Sie den Konflikt auf einen anderen Zeitpunkt. Fragen Sie den Schüler, womit Sie ihm helfen können oder was er nicht verstanden hat. Seien Sie professionell und lassen Sie sich nicht provozieren. Nur wenn Sie die Ruhe bewahren, können Sie souverän wirken. Binden Sie Schüler, die stören, möglichst wieder in den Unterricht ein und vertagen Sie Konflikte auf einen späteren Zeitpunkt oder gehen Sie mit dem Schüler kurz vor die Tür, wenn es die Situation zulässt.

C. Unterricht/Organisation des Unterrichts

Wir gehen im Folgenden davon aus, dass es sich um eine Lerngruppe handelt, in der sich notorische Unterrichtsstörer befinden, solche Schüler, die es sich zur Gewohnheit gemacht haben, zu stören, wann immer Sie ihnen einen Anlass geben.

Eine gute Unterrichtsorganisation fängt, wie bereits erwähnt, mit der für den Unterricht geeigneten Sitzordnung und mit einer entsprechend eingerichteten Lernumgebung an. Die benötigten Materialien und Medien stehen geordnet zur Verfügung. Damit sorgen Sie dafür, dass keine Unruhe durch unnötiges Suchen von Arbeitsmaterialien oder das Umbauen des Klassenraumes entsteht. Wenn Sie den Klassen- oder Fachraum betreten, sollte möglichst alles, was Sie für den bevorstehenden Unterricht benötigen, zur Verfügung stehen und an dem dafür vorgesehenen Platz sein. Jedes Mal, wenn ein Filmprojektor geholt, wenn die Sitzordnung geändert oder auch nur Kreide besorgt werden muss, ist das für manche Schüler eine Einladung zum Blödsinn machen. Es darf möglichst kein Leerlauf entstehen.

Sie brauchen einen Plan in Form einer Unterrichtsvorbereitung, die einen störungsfreien Unterricht – wenn es den überhaupt gibt – unterstützt, und zwar einen Plan mit fließenden Übergängen zwischen den verschiedenen Phasen des Unterrichts, denn das sind die entscheidenden neuralgischen Punkte, wenn es darum geht, Unterrichtsstörungen zu vermindern. Wenn an diesen Schnittstellen zwischen den verschiedenen Unterrichtsphasen Pausen entstehen, ist das für Unterrichtsstörer ebenfalls eine Einladung zum Blödsinn machen.

Damit es keinen Leerlauf gibt, müssen die Schüler außerdem jederzeit wissen, was sie machen müssen. Deshalb denken sie an die Unterrichtstransparenz. Schreiben Sie das Thema, die geplanten Phasen des Unterrichts und eventuell die Aufgaben an die Tafel. Letzteres erübrigt sich natürlich, wenn Sie die Aufgaben in anderer Form z. B. als Arbeitsblätter vorbereitet haben. Diese Stundentransparenz hilft den Schülern, sich zu orientieren. Sie brauchen weniger Fragen zum Ablauf der Stunde zu stellen. Wenn doch Fragen wie „Was soll ich jetzt machen?" auftauchen, können Sie einfach auf den Plan an der Tafel verweisen. Wenn Sie konsequent so arbeiten, erziehen Sie die Schüler nebenbei zum eigenständigen Lernen. Es dauert manchmal ein wenig, bis sich alle an diese Methode gewöhnt haben, weil das leider nur wenige Lehrer machen, aber es lohnt sich.

D. Konkrete Verhaltensmaßnahmen, die Ihnen helfen können, störende Schüler zu einer positiven Verhaltensänderung zu bewegen

Wenn dieselben Schüler immer wieder negativ durch Störungen auffallen, sollten Sie zunächst die Eltern in schriftlicher Form informieren und dann die Kollegen, die diese Schüler auch unterrichten.

Erinnern Sie die Eltern in Form eines Briefes an ihre erzieherische Mitwirkungspflicht und lassen Sie sich die Kenntnisnahme der Eltern schriftlich geben. Das kann in Form eines Rücklaufzettels, den die Eltern unterschreiben und abschneiden, geschehen. Bereiten Sie einen Standardbrief vor, den Sie immer in ausreichender Anzahl bei sich haben. Es ist viel wirkungsvoller diesen Brief dem betreffenden Schüler auszuhändigen, als ihn immer wieder zu ermahnen oder leere Drohungen auszustoßen. Sie haben damit auf die Störung in angemessener Form reagiert und bekommen im besten Fall Unterstützung von den Eltern.

Eine weitere gute und praktikable Methode, auf Unterrichtsstörungen zu reagieren, die aus Privatgesprächen zwischen Schülern resultieren, ist die sofortige Änderung der Sitzordnung. Trennen Sie die Schüler voneinander, die miteinander reden. Eine räumliche Trennung von störenden Schülern kann manchmal viel bewirken. Seien Sie dabei konsequent und lassen Sie sich auf keine Diskussionen ein. Eine Vorwarnung mit dem Hinweis, dass es seine Entscheidung ist, ob er den Platz verlassen muss, reicht aus. Dann handeln Sie und signalisieren dadurch, dass Sie nicht nur „quatschen".

Sie bitten die Schüler zum Beispiel um Ruhe, aber einige beschäftigen sich einfach weiter geräuschvoll mit anderen Dingen. Sie kippeln vielleicht mit dem Stuhl oder reden weiter. Wenn diese Schüler Ihrer Aufforderung, ruhig zu sein, nicht nachkommen, gehen Sie direkt zu den betreffenden Schülern. Sie verleihen jetzt Ihrer Aufforderung mittels Ihrer Körpersprache Nachdruck. Nehmen Sie einen festen Stand ein, schauen Sie sie an und warten. Oft hilft das schon, um die Schüler zur Beendigung ihres Störverhaltens zu bewegen. Wenn das nicht hilft, wiederholen Sie Ihre Aufforderung, wenn es sein muss 10–20 Mal bis der Schüler reagiert. Auch wenn Sie sich komisch dabei vorkommen, denken Sie daran, dass es eigentlich dem Schüler unangenehm sein muss.

Wenn die Schüler an Gruppentischen sitzen, eignet sich folgende Methode sehr gut bei Unterrichtsstörungen. Gerade in Gruppenarbeitsphasen kommt es immer wieder vor, dass einzelne Schüler Blödsinn machen. Die einen sind laut und die anderen können nicht arbeiten, weil ihnen die Konzentration fehlt.

Adresskopf/Lehrkraft Datum:

Benachrichtigung an die Eltern über das Fehlverhalten Ihres Kindes __________

Sehr geehrte Frau/Sehr geehrter Herr

Leider muss ich Sie heute als Eltern und Erziehungsberichtigte darüber informieren, dass Ihr Sohn/ihre Tochter __________ heute (zum wiederholten Male) negativ durch folgendes Fehlverhalten aufgefallen ist.

❍ verspätetes Erscheinen zum Unterricht
❍ wiederholte Zwischenrufe, die den Fortgang des Unterrichts behindern
❍ Privatgespräche im Unterricht
❍ vergessene Hausaufgaben
❍ vergessene Arbeitsmaterialien
❍ Arbeitsverweigerung
❍ respektloses Verhalten gegenüber der Lehrkraft

Zunächst möchte ich Sie als Erziehungsberechtigte darum bitten, dafür zu sorgen, dass Ihr Sohn/Ihre Tochter__________ das oben genannte Fehlverhalten einstellt, damit alle Schüler der Lerngruppe ihr Recht auf ungestörten Unterricht wahrnehmen können. Wie Sie vermutlich wissen, sind Sie laut Schulgesetz dazu verpflichtet.

Wir, die Lehrkräfte der Schule, sind gern bereit, Ihrem Kind die bestmögliche Ausbildung zukommen zu lassen und möchten in diesem Sinne mit Ihnen zusammenarbeiten. Das geht aber nur, wenn Sie uns dabei unterstützen und mittels Ihrer elterlichen Autorität dafür sorgen, dass Ihr Kind die schulischen Regeln des Miteinanders befolgt.

Mit freundlichen Grüßen

Bitte bestätigen Sie auf dem unteren Abschnitt den Erhalt sowie die Kenntnisnahme dieses Briefes und lassen ihn mir über Ihr Kind wieder zukommen.

Hiermit bestätige ich, dass ich über das Verhalten meines Kindes informiert wurde und Kenntnis davon genommen habe. (Schreiben vom __________)

____

Ort, Datum Unterschrift

Abb. 22: Muster Benachrichtigungsbrief an die Eltern

Nummerieren Sie die Gruppentische und zeichnen Sie eine Tabelle an die Tafel, die den Lautstärkepegel der einzelnen Gruppentische widerspiegelt. Die Tabelle kann so aussehen:

Tisch 1	Tisch 2	Tisch 3	Tisch 4	Tisch 5
- - ++ +	-	+++ +	+	- - -

Abb. 23: Lautstärkepegel

Die Plus- und Minuszeichen stehen für eine angemessene bzw. unangemessene, also zu hohe, Arbeitslautstärke. Die Gruppentische, die drei Minuszeichen haben, können dann zum Beispiel mit Extraaufgaben sanktioniert werden. Wichtig ist, dass die Tabelle für alle gut sichtbar ist und die Nummerierung allen Schülern klar ist.

Wir haben mit diesem System sehr gute Erfahrungen gemacht. Es ist leicht anzuwenden und hat in der Regel große Wirkung. Sie können sich aus der Rolle des ewig disziplinierenden Paukers zurückziehen und während der Gruppenarbeitsphasen immer mal wieder auf die Tabelle verweisen. Die Schüler disziplinieren sich dann gegenseitig, weil es normalerweise immer Schüler gibt, die nicht mit den Störern auf einer Stufe stehen wollen und die keine Extraaufgabe durch das Verschulden anderer in Kauf nehmen wollen. Die lustigen Klassenclowns werden plötzlich zu Nervensägen für die anderen.

6 Umgang mit schwierigen Schülern

Da Sie mit Sicherheit nicht an einer Schule in Bullerbü unterrichten, werden Sie sich früher oder später mit schwierigen Schülern auseinandersetzen müssen. Schwierige Schüler kommen an allen Schulen in unterschiedlichem Maße vor. Haben Sie also keine Angst und vor allem verzweifeln Sie nicht, es liegt nicht ausschließlich an Ihnen, wenn es zu „Differenzen" zwischen Ihnen und einzelnen Schülern kommt. Auch wir kennen aus unserer eigenen Unterrichtstätigkeit schwierige Schüler. Deshalb können wir uns zu diesem Thema äußern und Ihnen einige praxiserprobte Tipps mit an die Hand geben.

TIPP
Behalten Sie auch bei schwierigen Schülern immer einen kühlen Kopf!

Generell gibt es drei Kriterien, die Sie beim Umgang mit schwierigen Schülern beachten sollten:

- Fingerspitzengefühl,
- sachlich bleiben und einen kühlen Kopf bewahren,
- konsequentes Handeln.

Wir wissen aus eigener Erfahrung, wie nervenaufreibend schwierige Schüler sein können. Da möchte man mit seiner Klasse über den natürlichen Treibhauseffekt sprechen und dann ruft auf einmal Schüler Y: „Haben Sie eigentlich nur ein Polohemd?" in die Klasse. Wir können gut nachvollziehen, wenn Sie sich über sein respektloses Verhalten ärgern. Es ist aber pädagogisch nicht angemessen, den Schüler wütend anzuschreien und ihm einen Schulverweis anzudrohen. Wichtig ist in solchen Fällen, dass Sie nicht mit „Kanonen auf Spatzen" schießen. Stattdessen sollten Sie souverän bleiben, indem Sie den Schüler in einem sachlichen Ton auf sein Fehlverhalten hinweisen. Im Schulalltag kommt es darauf an, zu unterscheiden, ob ein leichter oder massiver Regelverstoß vorliegt. Zu den leichteren Verstößen zählen beispielsweise das Hineinrufen in die Klasse oder das Vergessen von Hausaufgaben beziehungsweise von anderen Schulmaterialien. Gewalt jeglicher Art gehört im Gegensatz dazu zu den massiven Regelverstößen. Darunter fallen beispielsweise körperliche oder verbale Gewalt. Es reicht auch schon die Androhung aus, einen Mitschüler schlagen zu wollen, damit Sie als Lehrkraft sofort reagieren müssen.

Unserer Erfahrung nach gehören die meisten Unterrichtsstörungen in die Kategorie der leichten Verstöße. Wichtig im Umgang mit diesen Störungen ist es, dass Sie als Lehrer nicht mit

TIPP
Handeln Sie maßvoll! Es ist nicht zielführend, mit „Kanonen auf Spatzen zu schießen".

überzogenen Maßnahmen wie zum Beispiel Androhung von Klassenkonferenzen, Ausschluss von der Klassenfahrt oder wochenlangem Nachsitzen reagieren. Gerade bei diesen Störungen ist von Ihnen Augenmaß gefordert. Schließlich bewirken vor allem zu harte Konsequenzen das Gegenteil von dem, was diese eigentlich erreichen sollen. Häufig nehmen die Schüler die von Ihnen getroffenen Maßnahmen als Angriff auf ihre Person wahr: „Der kann mich nicht leiden! Bei mir reagiert er immer so überzogen! Das war nur eine Kleinigkeit und dann schreit er mich sofort vor allen anderen an." Als Folge dessen kann sich aus einer Bagatelle ein handfester Konflikt entwickeln. Der angegriffene Schüler wird versuchen, sich zu „verteidigen" und damit ist die Basis für weitere Auseinandersetzungen gelegt. Das Verhältnis zwischen Ihnen und dem betroffenen Schüler kann so auf Dauer nachhaltig gestört werden. Sie sehen also, wie wichtig es ist, in so einer Situation einen kühlen Kopf zu bewahren. Bevor Sie ein verbales Feuerwerk entzünden, atmen Sie lieber noch einmal tief durch und überlegen sich eine Möglichkeit, wie Sie pädagogisch angemessen auf die Unterrichtsstörung reagieren können. Wichtig ist hierbei, dass Sie durch ein entschlossenes Auftreten und durch eine sachliche, aber freundliche Ansprache dem Störer, aber auch den übrigen Schülern, unmissverständlich verdeutlichen, dass Sie keineswegs bereit sind, Ihren gut vorbereiteten Unterricht durch solch ein Verhalten kaputtmachen zu lassen. Jede weitere Störung wird Konsequenzen haben. Wir haben die Erfahrung gemacht, dass es hilfreich ist, in solch einer Situation die Schüler vor die Wahl zu stellen: „Entweder du unterhältst dich nicht mehr mit deinem Nachbarn oder du setzt dich an einen Einzeltisch. Es ist deine Entscheidung!" Mit diesem Vorgehen nehmen Sie den Schüler in die Verantwortung. Wenn er sich entscheiden sollte, weiterhin den Unterricht zu stören, dann muss er auch die Verantwortung für sein Verhalten tragen, indem Sie ihm einen anderen Platz zuweisen. Dass er sich umsetzen muss, liegt folglich nicht an Ihnen, sondern resultiert aus seinem Fehlverhalten, für das ausschließlich er verantwortlich ist. Somit liegt der „schwarze Peter" nicht bei Ihnen, sondern beim Schüler. Entscheidend ist dann, dass Sie auf die nächste Störung mit einer passenden Konsequenz reagieren. Sie sollten bedenken, dass es ziemlich wirkungslos ist, immer und immer wieder Schüler zu ermahnen. Nur durch konsequentes Handeln lassen sich Unterrichtsstörungen nachhaltig unterbinden und Ihre Autorität stärken. Diese könnte nämlich mit der Zeit leiden, wenn die Schüler feststellen sollten, dass Sie zwar ständig ermahnen, aber nicht mit angemessenen Maßnahmen auf Störungen reagieren. An dieser Stelle noch einige Hinweise von uns, welche Maßnahmen sich bei welchen Störungen eignen können:

- Schüler, die sich ständig mit Ihrem Sitznachbarn unterhalten, sollten konsequent getrennt werden. Tipp: Kurze Notiz im Sitzplan vermerken!
- Kommt ein Schüler regelmäßig zu spät, sollten Sie sich die Minuten notieren und dann in Absprache mit den Eltern die versäumte Zeit nach Unterrichtsschluss am Nachmittag nacharbeiten lassen.
- Werden Hausaufgaben oder andere Schulmaterialien regelmäßig vergessen, informieren Sie in geeigneter Form die Eltern. Tipp: Notieren Sie sich auf jeden Fall die Daten, wann die Hausaufgaben vergessen wurden und haben Sie diese im Fall eines Telefonats parat liegen.
- Raucher können eine handschriftliche Ausarbeitung über die Auswirkungen des Rauchens auf die körperliche Entwicklung von Jugendlichen erstellen.
- Wer sich nicht an abgesprochene Gesprächsregeln halten kann, kann deren Bedeutung für eine gelungene Kommunikation im Unterricht schriftlich darlegen.

TIPP
Verzichten Sie auf „Spaßstrafen"!

Wichtig bei all diesen Maßnahmen ist es, dass Sie dafür sorgen, dass sie auch durchgeführt werden. Wenn ein Schüler bemerkt, dass Sie das aufgetragene Referat zum Thema *Rauchen* gar nicht einfordern bzw. man bei Ihnen einfach ein paar Seiten aus Wikipedia kopieren kann und Sie dies gar nicht merken, verpufft der angestrebte erzieherische Effekt. Sie müssen sich schon die Mühe machen, die geforderten Aufgaben sorgfältig zu kontrollieren und gegebenenfalls auch eine Überarbeitung verlangen, falls die Qualität nicht Ihren Vorstellungen entsprechen sollte. Es gibt auch Kollegen, die bei Unterrichtsstörungen Konsequenzen, wie zum Beispiel das Backen von Kuchen etc., einfordern. Wir halten solche „Spaßstrafen" nicht für pädagogisch sinnvoll. Schließlich steht die Maßnahme in keinem Zusammenhang mit dem Verhalten des Schülers. Die Maßnahme soll als „Erziehungsmittel" fungieren, aus dem der betreffende Schüler etwas Sinnvolles für seine Zukunft lernen kann. Auch möchten wir Ihnen von Maßnahmen wie zum Beispiel kippelnde Schüler für den Rest der Stunde stehen zu lassen, dringend abraten. Das sind Konsequenzen aus der pädagogischen „Steinzeit", die heute in keinem Fall mehr angemessen sind und mit denen Sie sich auch rechtlich auf sehr „dünnes Eis" begeben. Also: Finger weg von solchen Maßnahmen!

Aber nicht nur im Unterricht können Schüler gegen vereinbarte Regeln verstoßen, sondern natürlich auch in den Pausen. Vielleicht haben Sie ja schon selbst einen ähnlichen Fall wie den folgenden erlebt.

Wertschätzung zeigen trotz Regelverstoßes

Der Schüler Michael spielt während der Pause in aller Öffentlichkeit mit dem Mobiltelefon, obwohl dies laut Schulordnung nicht gestattet ist. Kollege M, der Aufsicht führt, spricht ihn auf sein Fehlverhalten an.

Kollege M geht zu Michael hin, guckt in an und sagt dann in einem freundlichen Ton: „Hallo Michael, kannst du einmal kurz kommen?"

Kollege M geht mit Michael von seinen Mitschülern weg.

Kollege M: „Michael, du kennst ja unsere Schulordnung. Keine Mobiltelefone während der Pause, okay?"

Michael steckt das Telefon in seine Jackentasche.

Wir haben uns an dieser Stelle für ein Positivbeispiel entschieden, um Ihnen aufzuzeigen, wie man wertschätzend, aber trotzdem bestimmt, als Lehrer auf einen Regelverstoß reagieren kann. Kollege M hat bei seiner Intervention einige Regeln beachtet, die dazu führen, dass der Regelverstoß sich wahrscheinlich nicht zu einer handfesten Auseinandersetzung zwischen ihm und dem Schüler entwickelt. Welche Regeln hat er beachtet?

Verhaltenstipps bei leichten Regelverstößen

- Beziehung zum Schüler herstellen
- räumliche Nähe
- Blickkontakt herstellen
- Begrüßung
- mit Namen ansprechen
- freundlicher Tonfall
- aus der Situation lösen
- keinen „Machtkampf" vor anderen Schülern
- nicht persönlich angreifen

Er ist zu Michael hingegangen und hat nicht über den Schulhof geschrien: „Michael, schalte sofort das Mobiltelefon aus!!" Dieser Hinweis klingt vielleicht banal, aber achten Sie einmal darauf, wie oft im Schulalltag eine Pausenaufsicht gegen diese einfache Regel verstößt. Sie werden erstaunt sein, wie häufig das geschieht. Nachdem er sich Michael und seinen Freunden genähert hat, hat er Blickkontakt aufgenommen, um eine Beziehung aufzubauen. Wichtig ist hierbei, dass Sie den Schüler nicht anstarren. Denn damit bauen Sie keine angemessene Beziehung auf, sondern eröffnen auf nonverbale Art und Weise ein Duell. Auch eine freundliche Begrüßung – es reicht schon ein „Hallo" – kann als „Eisbrecher" dienen. Mit der Nennung des Namens eröffnen Sie das Gespräch und leiten es auf diese Art und Weise auf eine persönliche Ebene. Zugleich drücken Sie auch Ihre Wertschätzung dem Schüler gegenüber aus. Oder möchten Sie mit den folgenden Worten angesprochen werden: „Du da! Schalte sofort dein Mobiltelefon aus!" Nun kann man nicht von jedem Schüler den Namen kennen. Das ist auch nicht weiter schlimm. Ein freundliches „Hallo" kann eine ähnliche Funktion bei der Gesprächseröffnung übernehmen. Sie sollten sich dann aber während des Gespräches unbedingt nach dem Namen des Schülers erkundigen, damit Sie wissen – falls es ein nächstes Mal geben sollte und Sie einen „Wiederholungstäter" vor sich haben sollten –, mit wem Sie es zu tun haben.

TIPP
Bleiben Sie in Konfliktsituationen ruhig und lassen Sie sich nicht provozieren.

Wie schon bei den Unterrichtsstörungen erläutert, ist Ihr Tonfall mit entscheidend dafür, ob es bei einem einfachen Regelverstoß bleibt oder ob sich daraus mehr entwickelt. Schauen Sie sich doch folgendes Negativbeispiel an: „Sag mal, spinnst du eigentlich? Mobiltelefone sind auf dem Schulhof verboten! Schalt dein Telefon sofort aus!" Der Tonfall in diesem Beispiel ist aggressiv und die Wortwahl beleidigend. Wer so auf eine „Bagatelle" reagiert, fördert die Eskalation und damit die Entstehung eines handfesten Streits. Der unpassende Tonfall weckt den Widerstand des Schülers und wird wahrscheinlich dazu führen, dass dieser die Anweisung nicht befolgen wird und diese stattdessen abblockt. Auch der persönliche Angriff „Spinnst du eigentlich?" ist eskalationsfördernd. Der Schüler verliert sein Gesicht, vor allem, wenn andere Schüler das mitbekommen. In einem solchen Fall schalten viele Schüler auf Verteidigung, nehmen den Fehdehandschuh, der ihm vom Lehrer vor die Füße geworfen wurde, auf und lassen sich auf das „Duell" mit der Lehrkraft ein. In einem solchen Konflikt ist der anfängliche Regelverstoß: die unerlaubte Nutzung des Mobiltelefons zweitrangig. Es geht vielmehr um die „Ehre" des Schülers. Sie sehen also, dass es sich bei kleineren Regelverstößen nicht lohnt, aus einer „Mücke einen Elefanten" zu machen, da die „Kollateralschäden" viel zu hoch sind. Ebenfalls raten wir in so einer Situation von der Verwendung von Ironie ab: „Das ist ja toll, dass du dein Mobiltelefon auf dem Pausenhof verwendest. Das finde ich richtig gut." Bedenken Sie, dass vor allem jüngere Schüler Probleme damit haben, Ironie zu verstehen und ältere Schüler sich eher durch ironische Kommentare provoziert fühlen. Daher lassen Sie besser die Finger davon. Ein ironischer Spruch ist häufig kontraproduktiv und eher konfliktfördernd als konfliktlösend. Auch wenn wir gut nachvollziehen können, dass manche Schüler einen bis aufs Blut reizen können, Sie sind der Erwachsene und müssen souverän und professionell mit solch einem Schülerverhalten umgehen können. Sich provozieren zu lassen, ist kontraproduktiv.

Im Positivbeispiel (s. S. 110) hat der Kollege M ein weiteres wichtiges Prinzip der Deeskalation berücksichtigt, indem er sich mit dem Schüler von seinen Freunden entfernt hat. In einer solchen Situation, wenn nicht die Freunde dabei sind, fällt es dem Schüler mit Sicherheit leichter, die Forderung der Lehrkraft, das Mobiltelefon auszuschalten, anzunehmen und umzusetzen. Sie sollten daher kleinere Verstöße „diskret" regeln. Kein Schüler möchte im Beisein seiner Mitschüler von einer Lehrkraft gemaßregelt werden. Denn auch in diesem Fall würde der Schüler sein Gesicht vor den anderen verlieren und da er dies nicht möchte, wird er in die Konfrontation gehen. Auch für Sie ist es einfacher, Regelverstöße in einem Vier-Augen-Gespräch zu klären. Schließlich ist es wesentlich anstrengender, wenn sich nicht andere Schüler durch ihre Kommentare in die Angelegenheit einmischen und diese dadurch noch „anheizen". Sie möchten wahrscheinlich auch nicht, dass Sie von Ihrem Schulleiter vor allen anderen Lehrern gemaßregelt werden.

Neben den kleineren Regelverstößen gibt es jedoch auch massive Verstöße, bei denen Sie anders agieren müssen als bei den leichteren. Wie man als Lehrkraft angemessen reagieren kann, soll das folgende Beispiel verdeutlichen.

Verhalten bei massiven Regelverstößen

Christian hat zum zweiten Mal den Unterricht in der heutigen Stunde durch Hineinrufen von Antworten erheblich gestört. Kollege X fordert ihn auf, den Klassenraum zu verlassen und vor die Tür zu gehen.

Kollege X (freundlich-sachlich): „Christian, du hast erneut in die Klasse gerufen. Du weißt, was das bedeutet. Nimm dir eine Auszeit und geh vor die Tür!"

Christian (wütend): „Nein! Das mache ich nicht! Martina hat auch gestört und sie wird nicht vor die Tür geschickt!"

Kollege X (fixiert Christian und sagt bestimmt): „Keine Diskussion! Du gehst!"

Christian verlässt wütend den Raum.

Schauen wir uns einmal an, wie der Kollege X auf diesen massiven Regelverstoß (Christian will trotz Aufforderung nicht den Klassenraum verlassen) reagiert. Er formuliert kurz und knapp („Du gehst!"), was er von Christian erwartet. Gleichzeitig drückt er durch seinen veränderten Tonfall (Wechsel vom freundlich-sachlichen hin zu einem energischen Ton), dass durch Christians Weigerung eine neue Situation eingetreten ist, die auch einen anderen Tonfall erfordert. Zudem unterstreicht er die Ernsthaftigkeit seiner Forderung dadurch, dass er Christian fest im Blick hat, und verleiht dieser somit mehr Nachdruck. Zudem er setzt er auf das Prinzip „Kratzer in der CD", indem er auf Christians Weigerung mit der Wiederholung seiner Forderung („Du gehst!") reagiert. Wichtig in einer solchen Situation ist, dass Sie überzeugend auf Ihr Gegenüber wirken. Ein halbherziges „Du gehst!" von einem Lehrer, der sich hinter seinem Pult verschanzt und der seinem Schüler nicht die Augen gucken kann, wird in der Regel nicht ernst genommen. Um mit einem sicheren Gefühl in solch eine Auseinandersetzung zu gehen, raten wir Ihnen, Ihr Vorgehen zuhause vor dem Spiegel zu proben. Schauen Sie in den Spiegel, während Sie energisch Phrasen wie „Stopp! Ich rede jetzt!" oder „Du gehst jetzt!" sagen. Wie sehen Sie aus, wenn Sie diese Aufforderungen voller Überzeugung sprechen? Auf diese Art und Weise gewinnen Sie Selbstvertrauen und können dann auch im Ernstfall diese Phrasen authentisch und überzeugend artikulieren. Sie werden sich sicherlich fragen, was Sie machen können, wenn der Schüler sich trotzdem weigert, Ihrer Anweisung zu folgen. Bezogen auf unser Beispiel, würde dies bedeuten, dass Christian trotz Aufforderung den Klassenraum nicht verlässt. Was kann man in solch einem Fall als Lehrer machen? Sie können ihn ja nicht an die Hand nehmen und ihn gegen seinen Willen vor die Tür bringen. In solch einem Fall könnte man als Lehrer wie folgt reagieren:

TIPP
Verdeutlichen Sie durch Ihren Tonfall, dass der Schüler durch sein Fehlverhalten eine Grenze überschritten hat.

Christian: „Nein! Ich gehe nicht vor die Tür!"
Kollege X: „Du bleibst bei deiner Weigerung?"
Christian: „Das sehen Sie doch! Ich bin immer noch hier."
Kollege X: „Dein Verhalten wird Konsequenzen haben. Wir klären das später!"

Mit dem letzten Satz „Wir klären das später!" hat der Kollege die Auseinandersetzung vorläufig beendet. Er hatte das letzte Wort und hat Christian noch einmal deutlich gemacht, dass sein Fehlverhalten unangenehme Folgen für ihn haben wird. Welche das sind, hat der Kollege bewusst offengehalten. Diese können in Ruhe gemeinsam mit der Schulleitung besprochen werden. Wichtig ist auch, dass zeitnah ein Gespräch zwischen dem Kollegen X, der

TIPP
Gewinnen Sie Zeit, indem Sie die Konsequenz nicht überhastet festlegen, sondern schaffen Sie sich die Möglichkeit, in Ruhe darüber nachzudenken.

Schulleitung sowie Christian stattfindet. In diesem Gespräch muss ihm noch einmal sein massives Fehlverhalten verdeutlicht und gegebenenfalls eine mögliche Konsequenz mitgeteilt werden. Es böte sich beispielsweise an, Christian in diesem Schuljahr vom Schulausflug mit der Begründung auszuschließen, dass er die Anweisungen seines Lehrers – wie im oben genannten Beispiel dargelegt – nicht gewissenhaft befolgt. Dies ist aber notwendig, damit der Ausflug ohne negative Zwischenfälle verläuft. Stellen Sie sich mal vor, Kollege X führe mit dem Zug in die Nachbarstadt und Christian käme nicht zur vereinbarten Zeit zum Treffpunkt. Das konsequente Befolgen von Anweisungen des Lehrers ist die Grundbedingung dafür, dass der Ausflug reibungslos verläuft. Damit hat Christian aber Probleme, sodass er aus diesem Grund nicht an dem Ausflug teilnehmen kann.

7 Umgang mit (schwierigen) Eltern

TIPP
Verhalten Sie sich auch schwierigen Eltern gegenüber professionell.

Elternarbeit ist auch ein wichtiger Teil ihrer Lehrertätigkeit. Wir haben die Erfahrung gemacht, dass viele Eltern Sie in Ihrem Bildungs- und Erziehungsauftrag unterstützen. Leider gibt es aber auch Eltern, die Ihnen Ihre Arbeit erschweren können. Da sind beispielsweise die sogenannten „Helikoptereltern“ zu nennen, von denen Sie mit Sicherheit schon einmal gehört haben. Diese „umkreisen“ ihr Kind und befürchten stets, dass ihm der Himmel auf den Kopf fallen könnte. Wundern Sie sich nicht, wenn diese Eltern unangekündigt in einer Pause erscheinen, um mit Ihnen ein wichtiges Gespräch über den Leistungsstand ihres Kindes zu führen. Diese Sorte von Eltern meldet sich auch gern telefonisch zu jeder Tages- und Nachtzeit bei Ihnen. Sie merken schon, dass es mit solchen Eltern anstrengend werden könnte. Um die Situation auf ein normales Maß zu reduzieren, führen Sie mit diesen Eltern ein klärendes Gespräch. Geben Sie ihnen zu verstehen, dass Sie deren großes Engagement sehr wohl zu schätzen wissen, dass es aber trotzdem Grenzen gibt, die auch für diese Eltern verbindlich sind. Werden Sie also regelmäßig in der Schule oder am Telefon nach dem Leistungsstand des Kindes oder anderer schulischer Angelegenheiten gefragt, weisen Sie zunächst einmal auf den Elternsprechtag hin. Sollte es nicht gerade um wirklich gravierende Angelegenheiten gehen, scheuen Sie sich nicht davor, den Eltern klar zu machen, dass Sie grundsätzlich an einem Austausch mit ihnen interessiert sind, aber dass das Kind natürlich auch Zeit benötigt, sich zu entwickeln. Deshalb sind wöchentliche Gespräche wenig zielführend. Stattdessen vereinbaren Sie den nächsten Gesprächstermin in drei bis vier Wochen, damit Sie in aller Ruhe die weitere Entwicklung des Kindes beobachten können. Es versteht sich von selbst, dass Sie unverzüglich den Kontakt zu den Eltern herstellen, wenn Ihnen etwas Besonderes auffallen sollte. Ansonsten dürfen Sie den Eltern höflich und freundlich verpackt zu verstehen geben, dass Sie bis zum nächsten vereinbarten Gesprächstermin nichts von ihnen hören möchten.

Schwierig sind auch Eltern, die Sie nicht in Ihrer Erziehungstätigkeit unterstützen bzw. sogar versuchen, diese zu torpedieren. Beispielsweise gibt es Eltern, die sich bei Ihnen beschweren, dass ihr Kind einen Reflexionsaufsatz zum Thema „Warum sollte man keine Schneebälle auf dem Schulhof werfen?“ schreiben muss.

Oft argumentieren diese Eltern damit, dass das Schneeballwerfen doch nicht schlimm sei und dass sie das selbst in ihrer Kindheit getan hätten. Sie können solchen Eltern „den Wind aus den Segeln nehmen", indem Sie darauf hinweisen, dass das Schneeballwerfen laut Schulordnung nicht gestattet sei und Sie aus versicherungstechnischen Gründen verpflichtet seien, auf die Einhaltung dieser Ordnung achten. Zudem gelte die Schulordnung für jeden Schüler der Schule. Auch wenn diese Argumentation ziemlich bürokratisch klingt, oft zeigt sie den gewünschten Effekt. Sie verdeutlichen damit nämlich, dass es in diesem Fall eine klar festgelegte Handlungsanweisung gibt, die Sie als Kollege nicht ignorieren können. Dagegen zu argumentieren, fällt den meisten Eltern erfahrungsgemäß sehr schwer. Falls es dennoch von Seiten der Eltern noch Diskussionsbedarf geben sollte, schicken Sie diese zum Schulleiter, damit dieser ihnen den Sinn und Zweck einer Schulordnung in aller Ruhe erläutern kann.

Es gibt auch die Sorte von Eltern, die gern im Namen der gesamten Elternschaft spricht, aber gar nicht die Funktion der Elternvertreter inne hat. Lassen Sie sich nicht von ihnen aufs Glatteis führen, sondern nehmen Sie stattdessen Kontakt zu den „legitimierten" Elternvertretern auf. Von ihnen können Sie erfahren, ob wirklich die Elternschaft hinter dem jeweiligen Anliegen steht oder ob es hier um Einzelinteressen geht. Wenn es sich tatsächlich nur um ein persönliches Anliegen handeln sollte, weisen Sie im Gespräch mit den Eltern darauf hin, dass Sie Kontakt zu Elternvertretern aufgenommen haben, diese aber gar nichts von diesem Anliegen wussten. Viele Eltern fühlen sich in diesem Fall „ertappt" und rudern in ihrer Forderung zurück. Folglich können Sie auch ohne schlechtes Gewissen das jeweilige Anliegen ablehnen.

Im Umgang mit Eltern gibt es einige Verhaltensregeln, die Sie im Hinterkopf haben sollten:

- Verhältnis zwischen Nähe und Distanz beachten,
- Informationspflicht gegenüber Eltern,
- Vorbereitung auf ein schwieriges Elterngespräch.

Wenn Sie von den Elternvertretern zu einem Klassenfest eingeladen werden sollten, nehmen Sie die Einladung an, wenn es keine triftigen Gründe gibt, die dagegen sprechen. Damit drücken Sie Ihre Wertschätzung gegenüber der Klasse sowie den Eltern aus. Bei der Teilnahme am Klassenfest gibt es ein paar Punkte, die Sie auf jeden Fall beachten sollen, damit Sie das Fest in guter Erinnerung bewahren:

Bringen Sie etwas zu essen oder zu trinken mit bzw. beteiligen Sie sich an den Kosten, damit es später nicht heißt, Sie hätten auf Kosten der Elternschaft einen schönen Nachmittag gehabt.

- Konsumieren Sie gar nicht bzw. nur in Maßen alkoholische Getränke. Es wirkt wenig professionell, wenn der Lehrer sich in Anwesenheit von Schülern und Eltern betrinkt.
- Bleiben Sie beim „Sie". Auch wenn Sie sich sehr gut mit den Eltern verstehen sollten, machen Sie sich immer klar, dass Sie das Amt des Lehrers verkörpern und damit die Leistungen der Schüler bewerten. Eine leichtfertige Verbrüderung kann dazu führen, dass einem die professionelle Distanz im Umgang mit den Eltern fehlen könnte. Es ist für Eltern etwas anderes, ob Sie bei „Herrn Müller" oder bei „Matthias" anrufen, um über die Leistungen im Fach Physik zu sprechen.

TIPP
Bleiben Sie auch bei einem Klassenfest der Lehrer. Verhalten Sie sich so, dass es zu Ihrem Amt passt.

Generell gilt für den Umgang mit Eltern, dass Sie diese über wichtige schulische Angelegenheiten zeitnah in Kenntnis setzen sollten. Konkret bedeutet dies, dass Sie Kontakt zu den Eltern aufnehmen sollten, wenn Sie feststellen, dass ein Schüler auf einmal ein sehr negatives Arbeits- oder Sozialverhalten zeigt. Aber auch wenn Sie feststellen, dass es bei einem guten oder durchschnittlichen Schüler zu einem erheblichen Leistungsabfall kommt, melden Sie sich bei den Eltern. Auf diese Art und Weise schaffen Sie eine Vertrauensbasis bei den Eltern. Die wissen nämlich, dass ihr Kind bei Ihnen in guten Händen ist und wenn etwas in der Schule nicht stimmt, meldet sich der Lehrer sofort bei uns. So können Sie meistens auch die Zahl der Elternanrufe deutlich reduzieren.

Leider gibt es aber nicht nur verständnisvolle Eltern, mit denen man konstruktiv zusammenarbeiten kann. Manche sind einfach uneinsichtig und nicht bereit, mit Ihnen zum Wohle ihres Kindes zu kooperieren. Ein Gespräch mit solchen Eltern zu führen, bedarf einer gewissen Vorbereitung. Informieren Sie sich im Vorfeld des Gespräches genau über das Anliegen der Eltern. Wenn beispielsweise Eltern der Auffassung sind, dass Sie zu viele Hausaufgaben in Englisch aufgeben, informieren Sie sich im für Ihr Bundesland gültigen Hausaufgabenerlass über die Bestimmungen bezüglich der Hausaufgaben. Vereinbaren Sie dann einen Gesprächstermin, an dem Sie genügend Ruhe und Muße für ein solches Gespräch haben. Es ist unserer Erfahrung nach kontraproduktiv, wenn Sie nach sechs Unterrichtsstunden sowie einer zweistündigen Gesamtkonferenz noch mit den Eltern über das Thema *Hausaufgaben im Englischunterricht* sprechen möchten. Während des Gesprächs sollten Sie darauf achten, dass Sie die Gesprächsführung in den Händen ha-

TIPP
Bereiten Sie sich gut auf das Gespräch vor, sodass man Sie nicht aufs „Glatteis" führen kann.

TIPP
Evaluieren Sie das Elterngespräch. Was war gut geplant? Was müsste man beim nächsten Gespräch ändern?

ben. Wie macht man das, werden Sie sich vielleicht an dieser Stelle fragen. Es ist ganz einfach: Derjenige, der in einem Gespräch die Fragen stellt, führt. Der andere muss auf die Fragen antworten und kann so nur bedingt die Initiative übernehmen. Damit können Sie das Gespräch leichter in die Richtung lenken, die Ihnen vorschwebt. Haben Sie das Gefühl, dass sich das Gespräch im Kreis dreht und keine Lösung in Sicht ist, beenden Sie höflich, aber bestimmt, das Gespräch. Wie man es machen könnte, soll das folgende Beispiel verdeutlichen:

Sachlich geführtes Elterngespräch

Kollege X: „Herr A, ich habe am Bespiel des Hausaufgabenerlasses aufgezeigt, dass es völlig legitim ist, dass ihr Sohn täglich 10 Minuten für die Hausaufgaben im Fach Englisch einplanen muss. Ich habe zur Kenntnis genommen, dass Sie dies anders sehen. Von meiner Seite kann ich nichts mehr für Sie tun."

Sie sollten im Anschluss an das Gespräch eine Gesprächsnotiz mit den wichtigsten Inhalten sowie dem Datum anfertigen und in die Schülerakte heften, damit Sie dokumentieren können, dass Sie mit den entsprechenden Eltern auch gesprochen haben. Zudem sollten Sie Kontakt zu Ihrem Schulleiter aufnehmen und ihn in Kenntnis über den Inhalt des Gesprächs setzen. Sie müssen damit rechnen, dass sich Eltern, vor allem wenn diese mit dem Gespräch bzw. mit dem Ergebnis nicht einverstanden sind, sich bei Ihrer Schulleitung melden. In diesem Falle ist es aus psychologischer Sicht immer wichtig, dass Sie zuerst das Gespräch mit dem Schulleiter führen, damit er zunächst Ihre Version erfährt. An dieser Stelle noch einmal ein wichtiger Hinweis von uns: Sollte sich Ihr Gesprächspartner im Ton vergreifen, scheuen Sie sich nicht davor, ihn unmissverständlich darauf hinzuweisen und/oder bei Beleidigungen das Gespräch sofort zu beenden sowie den Vorfall zu dokumentieren und Ihre Schulleitung zu informieren.

8 Schlusswort

Wir möchten Ihnen zum Abschluss unserer Ausführungen zu Ihrer Berufswahl gratulieren. Sie haben sich für eine verantwortungsvolle und abwechslungsreiche Tätigkeit entschieden. Das vorliegende Buch soll Ihnen mit Tipps, Ratschlägen und Materialien helfen, sich im Berufsalltag auf das eigentliche Kerngeschäft des Lehrers, den Unterricht, konzentrieren zu können. Bei der Auswahl der Themen haben wir uns an unseren eigenen Berufseinstieg erinnert. Wir hatten viele Fragen bezüglich des Schulalltags, auf die wir keine Antworten in der gängigen pädagogischen Literatur finden konnten. Heute, nach mehrjähriger Tätigkeit in der Schule, kennen wir verschiedene Antwortmöglichkeiten auf diese Fragen. Das Buch richtet sich demnach vor allem an Sie als Berufseinsteiger. Als kleiner Ratgeber soll er Ihre praktische Arbeit in der Schule erleichtern helfen.

Wir hoffen, dass Sie nach der Lektüre des Buches passende „Antworten" für Ihre Fragestellungen gefunden haben. Wir würden uns freuen, wenn wir damit dazu beitragen, dass Sie einen leichteren Berufseinstieg haben und Sie die Freude am Lehrerberuf möglichst lange beibehalten.

Unser besonderer Dank gilt der Programmleiterin Gabriela Holzmann vom Klett Kallmeyer Verlag sowie dem Redakteur Dirk Haupt, die uns bei der Erstellung des Buches intensiv unterstützt haben.

Literaturverzeichnis

Brenner, Gerd; Brenner, Kira (2016): Meine 5.–6. Klasse organisieren. Berlin.

Brenner, Gerd; Brenner, Kira (2017): Meine 7.–10. Klasse organisieren. Berlin.

Hoegg, Günther (2012): Gute Lehrer müssen führen. Weinheim.

Hoegg, Günter (2017): Vandalismus in der Schule. Verstehen und eindämmen. Weinheim.

Höttermann, Benedikt; Hüls, Ansgar; Köhler, Malin; Krumwiede-Steiner, Franziska; Schneider, Jost (2017): 99 Tipps – Praxis-Ratgeber Schule für die Sekundarstufe I und II: An Brennpunktschulen klarkommen. Berlin.

Mittelstädt, Holger; Mittelstädt, Rainer; Tewes, Ferdinand (2012): 99 Tipps – Praxis-Ratgeber Schule für die Sekundarstufe I und II: Für Klassenlehrer. Berlin.

Rhode, Rudi; Meis, Mona-Sabine (2014): Regelverstöße – stopp! Wege zum sicheren Umgang. Berlin.

Unter **www.friedrich-verlag.de** finden Sie Materialien zum Buch als Download.
Bitte geben Sie den achtstelligen Download-Code in das Suchfeld ein.

DOWNLOAD-CODE: **d31340as**

Hinweis:
Downloadmaterial (PDF)

Das Downloadmaterial enthält Checklisten und Materialien, die Sie bei der Vorbereitung Ihres Unterrichts unterstützen und/oder Ihnen vertiefende Hintergrundinformationen liefern.

Haben Sie Fragen zum Download? Dann wenden Sie sich bitte an den Leserservice der Friedrich Verlags GmbH. Schreiben Sie uns oder rufen Sie uns an!

Sie erreichen unseren Leserservice
Montag bis Donnerstag von 8–18 Uhr
Freitag von 8–14 Uhr.
Tel.: 05 11/4 00 04-150
Fax: 05 11/4 00 04-170
E-Mail: *leserservice@friedrich-verlag.de*

Wir freuen uns über Ihre Rückmeldungen und helfen Ihnen gern weiter!